D1346597

Bien dormir
c'est facile

Sandrine Gerin

BIEN DORMIR
c'est facile

**Préface du
Dr Damien Léger**

FRANCE LOISIRS
123, boulevard de Grenelle, Paris

Ouvrage publié sous la direction
de Laure Paoli

Édition du Club France Loisirs, Paris,
avec l'autorisation des Éditions Albin Michel

Le sommeil c'est la vie

Le sommeil, ce bienfait réparateur de nos journées, a été et est encore trop souvent maltraité. Les obligations du travail, la nécessité de transports toujours plus longs, la volonté bien légitime de loisirs ont, d'année en année, repoussé les limites du sommeil jusqu'à une portion congrue. On estime qu'en 50 ans, les effets combinés de l'électricité et de la télévision ont privé les Français d'une heure de sommeil par nuit, en moyenne. Pour les adolescents, ce sont souvent deux à trois heures de sommeil perdues chaque jour par rapport à leurs besoins.

Ceci n'est pas sans conséquences, de nombreux chercheurs se sont intéressés récemment aux risques liés à la privation de sommeil : accidents, échec scolaire et professionnel, perte de chance et de qualité de vie. Pour respecter notre sommeil, il nous faut retrouver une hygiène de vie qui permette au corps et à l'esprit de se reposer. Le sommeil n'est pas une perte de temps, il permet la réparation des tissus du corps, la mémorisation et l'organisation de notre intelligence, la protection contre le stress et sans doute contre les infections. On peut donc imaginer que l'insomnie prolongée représente un risque pour l'homme.

Nous passons un tiers de nos vies à dormir, mais le sommeil est encore méconnu des médecins. Ceux-ci reçoivent, en moyenne, moins d'une heure de cours sur le sommeil pendant leurs dix années d'étude. Les problèmes de sommeil occupent souvent les cinq dernières minutes de la consultation du généraliste, et résultent souvent en un renouvellement de la prescription d'hypnotiques. Or, il faut beaucoup de temps pour parler du sommeil et comprendre réellement ce qui perturbe les nuits des insomniaques. Aux États-Unis, depuis 1992, la médecine du sommeil est devenue une spécialité médicale à part entière. Et en France, il existe depuis une dizaine d'années quelques laboratoires du sommeil, rassemblés au sein de la Société française de recherche sur le sommeil, qui ont pour vocation la prise en charge des insomniaques et hypersomniaques. Les recherches sur le sommeil continuent et de nouveaux traitements de l'insomnie, n'ayant pas les inconvénients des psychotropes, voient le jour. Le plus prometteur étant sans doute le traitement par la lumière de haute intensité.

Le sommeil, c'est la vie. Et le grand mérite de cet ouvrage est de nous démontrer qu'il n'existe pas une seule mais de multiples façons de soigner l'insomnie. En effet, si le sommeil a des caractéristiques que l'on retrouve chez la plupart des gens, le sommeil d'un individu sera différent de celui de son voisin. Il y a autant de sommeils que de visages. Il y a donc de multiples manières de dormir et de soigner votre sommeil s'il est perturbé. Ce livre vous guidera dans cette voie et vous aidera à mieux informer votre médecin traitant sur vos troubles.

Une des grandes règles est de respecter son sommeil. Le sommeil est en effet un processus très complexe qui met en jeu de nombreuses étapes physiologiques et chimiques. On ne peut pas exiger qu'il se déclenche correctement dans n'importe quelles conditions et à n'importe quel moment. Savoir se donner du temps pour dormir, c'est respecter son sommeil et c'est donc mieux dormir et mieux vivre.

Dr Damien LÉGER
Laboratoire de Sommeil.
Hôtel Dieu de Paris.

■

Faites un rapide calcul : 8 heures de sommeil par nuit, en moyenne, à raison de 365 jours par an, cela représente 2 920 heures, soit plus de 121 jours par an. **Nous dormons donc près d'un tiers de notre vie !**

> Un homme de 70 ans a déjà passé près de 25 ans de sa vie à dormir. Plus de 20 années allongé sur un matelas, avec ou sans oreillers, sous draps et couvertures… et avec un plus ou moins bon sommeil, au rythme de sa vie, de ses soucis et de son environnement.

Autant dire l'importance qu'il faut accorder au sommeil et surtout l'influence qu'il a sur le reste de nos activités et sur notre santé. Il est donc essentiel de traiter avec sérieux les troubles du sommeil, pour le bien-être de chacun.

Or, si tous se plaignent, peu d'entre eux se soignent. Bref : on dort mal mais on le supporte. Jusqu'au jour où cela devient vraiment insupportable.

Tout le monde connaît à un moment donné des nuits ou des réveils difficiles mais nombreux sont ceux qui cherchent toute leur vie un sommeil meilleur sans jamais le trouver, gérant au mieux leur fatigue.

QUELQUES CHIFFRES	
73 % de la population française connaît des troubles du sommeil :	**29 % de la population française souffre d'insomnies sévères :**
• 78 % des femmes	• 34 % des femmes
• 68 % des hommes	• 23 % des hommes

(Enquête SOFRES/THERAPLIX, portant sur 12 718 Français adultes, de 1994.)

Il y a ceux qui connaîtront les **insomnies occasionnelles** tout à fait normales et ceux qui, tout au long de leur existence d'enfant, d'adolescent ou d'adulte, vivront **l'enfer des nuits blanches**. Pour ceux-là, comme pour ceux qui trouvent le temps long avant de s'endormir, pour ceux que les autres empêchent de dormir, pour ceux qui ne connaissent pas le bonheur d'un sommeil paisible, pour ceux qui vivent chaque nuit au rythme de leurs cauchemars, pour ceux qui redoutent l'heure d'éteindre la lumière, pour ceux qui n'entendent jamais leur réveil, pour ceux qui vivent en décalage horaire, nous avons voulu offrir **un guide utile au quotidien**.

Avec un peu de bon sens, des remèdes de grand-mères aux thérapeutiques douces et sans oublier les recherches de la médecine classique, nous avons fait le tour de la question.

Le traitement de l'insomnie ne repose pas sur une pilule miracle mais sur un ensemble de mesures : **pour bien dormir, il faut avant tout être bien dans son corps et dans sa tête.**

À vous de chercher, de tester, d'essayer, de comparer et de découvrir quelle est la solution la mieux adaptée à vos troubles. La liste que nous vous offrons n'est pas exhaustive mais peut vous aider et vous donner des idées. Un traitement médical poussé pour certains, quelques tisanes miracles pour d'autres, ou simplement une meilleure hygiène de vie au quotidien, c'est à vous de juger.

En refermant la dernière page de cet ouvrage vous devriez en conclure que

bien dormir c'est facile !

LES DIX COMMANDEMENTS DU BON DORMEUR

■

1

L'origine de ton trouble de sommeil tu analyseras

2

Un bon lit et un bon cadre de sommeil tu organiseras

3

Une bonne hygiène de vie tu adopteras

4

La relaxation, la respiration et la concentration tu essayeras

5

De volonté preuve tu feras

6

Des thérapeutiques douces tu t'aideras

7

À un réveil en douceur tu t'obligeras

8

À faire une bonne sieste tu apprendras

9

De la patience tu acquerras

10

En dernier recours les somnifères tu utiliseras

• L'origine de ton trouble de sommeil tu analyseras

Inutile de vous trouver des prétextes pour pardonner un mauvais sommeil. Vous devez remonter à l'origine de vos troubles et les soigner car, s'ils semblent indépendants de votre sommeil, ce sont bien souvent eux qui engendrent vos insomnies. C'est à la base que vous devez vous reprendre en main.

• Un bon lit et un bon cadre de sommeil tu organiseras

Une bonne nuit se déroule dans un contexte adéquat. Vous vous poserez les bonnes questions, vous serez vigilant à votre environ-nement et vous transformerez ce cadre pour qu'il devienne à vos yeux chaleureux et sécurisant.

• Une bonne hygiène de vie tu adopteras

Pour soulager tous ces petits maux qui gâchent votre quotidien et pour prévenir d'autres troubles, vous respecterez une bonne hygiène de vie que vous appliquerez chaque jour. En prenant soin de votre corps et en ayant une alimentation équilibrée et adaptée à vos besoins, vous envisagerez l'avenir avec une meilleure santé.

• La relaxation, la respiration et la concentration tu essayeras

Rien de tel que la respiration, la relaxation et la concentration pour retrouver calme, bien-être et détente, facteurs indispen-sables à une bonne nuit. C'est une efficace parade anti-stress. Quelques exercices faciles vous permettront en quelques minutes de vous détendre à tout instant de la journée et surtout le soir au moment de vous coucher. À adopter tous les jours, y compris en prévention.

• De volonté preuve tu feras

C'est à vous et à vous seul qu'incombe la volonté d'enrayer vos troubles. Vous entreprenez un travail à plus ou moins long terme et même si parfois vous n'arrivez pas à vos fins, vous devez avoir confiance en vous et croire en votre réussite. Ne jamais vous décourager, tel doit être votre leitmotiv.

• Des thérapeutiques douces tu t'aideras

Commencez en douceur, en choisissant la thérapie la mieux adaptée à vos besoins, à vos troubles et à votre vie. Essayez-en plusieurs si vous n'êtes pas satisfaits et ce, toujours sous le contrôle ou les conseils de votre médecin traitant.

• À un réveil en douceur tu t'obligeras

Vous réapprendrez le bonheur d'un bon réveil. Vous opterez pour la douceur et vous prendrez tout votre temps pour vous lever et démarrer la journée du bon pied.

• À faire une bonne sieste tu apprendras

Comme les enfants, vous ferez la sieste et en tirerez tous les bénéfices. Vous réapprendrez la sieste et vous trouverez celle qui convient à vos besoins et à votre rythme. Vous comprendrez que ce n'est pas du temps perdu et, peu à peu, cela deviendra une habitude.

• De la patience tu acquerras

Rééduquer son sommeil ne se fait pas en un jour. Il ne faut pas vous décourager si, au bout d'une semaine d'une quelconque thérapie, vous n'observez aucune amélioration. C'est un travail de longue haleine que vous entreprenez, d'autant plus si vous êtes âgé. Les enfants ont, en revanche, une faculté d'adaptation plus grande et un sommeil plus malléable. Faire ce chemin vers un nouveau et un meilleur sommeil ne peut que vous être bénéfique à long terme. La patience sera votre meilleur allié et vous guidera vers la réussite.

• En dernier recours les somnifères tu utiliseras

Parlez-en avec votre médecin, les somnifères peuvent être utiles dans certains cas mais néfastes dans d'autres. Vous n'y aurez recours qu'en cas exceptionnel en sachant qu'il est rare que ce soit une solution définitive à vos troubles du sommeil, mais, accompagné d'autres thérapies, ce traitement peut vous aider dans votre rééducation.

■

Comprendre son sommeil

■

I. Qu'est-ce que le sommeil ?

Le sommeil est un temps de repos dont tous les êtres vivants ont besoin. Il constitue un temps essentiel de récupération physique et psychique.

Les principales caractéristiques du sommeil :

Le sommeil est un état physiologique normal et périodique qui se caractérise essentiellement par :

- la suspension de la conscience ;
- le relâchement musculaire ;
- le ralentissement de la circulation ;
- le ralentissement de la respiration ;
- le rêve.

Que se passe-t-il pendant le sommeil ?

Les rythmes de notre corps s'organisent dès la petite enfance autour d'une véritable horloge biologique.

Le temps du sommeil se décompose en cycles d'une même durée mais de structures différentes, qui évoluent au cours de la nuit. Ce sont les « cycles du sommeil ».

Une nuit se compose d'une succession de plusieurs cycles, chacun étant formé de deux phases essentielles : **le sommeil lent** (avec des stades de sommeil très léger, léger, profond, très profond qui s'enchaînent) et **le sommeil rapide** ou **sommeil paradoxal**.

AUTRES TEMPS, AUTRES MŒURS

Depuis ses origines les plus lointaines, l'homme a toujours eu besoin de dormir pour vivre. Mais son sommeil a connu de nombreuses évolutions liées au développement de l'humanité et des civilisations.

Nos ancêtres vivaient et dormaient en groupe

• Vers 4 000 ans avant Jésus-Christ, l'homme du Néolithique avait pour habitude de dormir en début d'après-midi et en pleine nuit, afin d'éviter toute attaque ennemie ou animale à l'aube ou au crépuscule. Et, pour accumuler le plus de chaleur possible, les hommes des cavernes dormaient en groupe.

• Les mœurs de l'homme à l'aube de l'an 2000 ont beaucoup évolué. S'il ne s'endort jamais avant la nuit tombée, l'être humain d'aujourd'hui voit rarement le soleil se lever. Ayant abandonné la vie de groupe, il dort seul ou en couple. Et sa chambre à coucher s'est peu à peu transformée en un vaste lieu de vie central : on y trouve pêle-mêle téléphone, ordinateur, télévision, magnétoscope et radio. Le studio, habitat du citadin par excellence, reflète à tout point de vue cet état d'esprit.

Avec ces objets à portée de lit, il vit la majeure partie de son temps en position allongée : il dîne, lit, regarde la télévision, téléphone, écrit depuis son lit, qu'il « convertit en canapé » lorsqu'il reçoit. La chambre ne joue donc plus le seul rôle qu'elle a tenu pendant des siècles : lieu de repos et d'amour.

Nos ancêtres, qui n'avaient pas l'électricité, dormaient plus longtemps que nous

• Quant à la durée du sommeil, une constatation s'impose : nos ancêtres les plus lointains dormaient plus longtemps que nous, et certainement mieux. Tandis que l'homme du Moyen Âge, lui, était en décalage par rapport à nos habitudes. Il se couchait à 20 heures pour se lever à 4 heures du matin, la « mi-nuit » marquant ainsi la moitié de sa nuit.

• C'est donc au cours du XXe siècle que nos habitudes ont peu à peu changé. Et l'apparition de l'électricité est loin d'être étrangère à l'évolution de notre temps de sommeil, de notre mode de vie social et familial. Car aujourd'hui à 20 heures presque personne n'est couché… et la soirée ne fait que commencer !

17

LE SOMMEIL DE CHAQUE NUIT

Il se compose de plusieurs « cycles de sommeil », chacun étant formé de 2 phases :

- **la phase de sommeil lent**
- stade de sommeil lent très léger
- stade de sommeil lent léger
- stade de sommeil lent profond
- stade de sommeil lent très profond

- **la phase de sommeil rapide** ou **sommeil paradoxal.**

À la fin de chaque cycle, on s'éveille ; mais souvent sans s'en rendre compte, car le cerveau nous incite à nous rendormir aussitôt pour enchaîner un nouveau cycle. Ce sont des éveils naturels et normaux, seules les personnes ayant un sommeil perturbé auront la sensation de s'être réveillées de multiples fois au cours de la nuit, tandis que les autres ne s'en apercevront même pas.

■ Le sommeil lent

- Le visage et les yeux ne bougent pas, la respiration est lente.
- Il est réparateur de la fatigue physique.
- Il est indispensable à de bonnes conditions de vie.

■ Le sommeil rapide (ou paradoxal)

- Si le corps est comme paralysé, le visage est mobile et expressif et les yeux sont marqués de mouvements oculaires rapides, appelés par les Anglo-Saxons « REM sleep » (*Rapid Eye Movement sleep* : le sommeil des mouvements oculaires rapides).
- Il est réparateur du stress et de la fatigue mentale.
- Il marque la fin de chaque cycle.
- Il est le haut lieu du rêve et, bien entendu, du cauchemar.

■ Comment fonctionnent les cycles du sommeil ?

Prenons l'exemple d'une nuit moyenne, d'environ 8 heures, formée selon un enchaînement de quatre cycles, d'environ 90 à 100 minutes chacun.

Entre chaque cycle : latence. On se réveille ou on repart pour un nouveau cycle.

• **Le 1ᵉʳ cycle** commence dès l'instant où le sujet plonge dans un sommeil lent profond. Plus on avance dans le cycle, plus cette phase de sommeil est intense et profonde. La fin du cycle est marquée par une brève phase de sommeil paradoxal : le cerveau entre alors en pleine activité de rêve. Si à ce stade les yeux clignent souvent rapidement, le reste du corps est immobile, comme paralysé.

• **Le 2ᵉ cycle** est sans doute le plus important dans le rôle de la récupération : le dormeur glisse dans un cycle de sommeil encore plus lent et plus profond qu'au cours de la phase précédente. Le corps se repose vraiment, l'activité électrique du sujet est très lente et la température du corps est au plus bas. Le sommeil paradoxal de cette fin de cycle est encore bref.

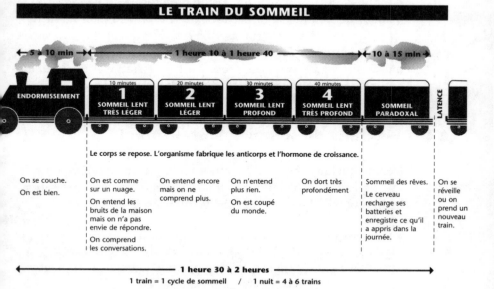

LE TRAIN DU SOMMEIL

← 5 à 10 min → ← 1 heure 10 à 1 heure 40 → ← 10 à 15 min →

| ENDORMISSEMENT | **1** SOMMEIL LENT TRÈS LÉGER | **2** SOMMEIL LENT LÉGER | **3** SOMMEIL LENT PROFOND | **4** SOMMEIL LENT TRÈS PROFOND | SOMMEIL PARADOXAL | LATENCE |

10 minutes — 20 minutes — 30 minutes — 40 minutes

Le corps se repose. L'organisme fabrique les anticorps et l'hormone de croissance.

On se couche.
On est bien.

On est comme sur un nuage.
On entend les bruits de la maison mais on n'a pas envie de répondre.
On comprend les conversations.

On entend encore mais on ne comprend plus.

On n'entend plus rien.
On est coupé du monde.

On dort très profondément

Sommeil des rêves.
Le cerveau recharge ses batteries et enregistre ce qu'il a appris dans la journée.

On se réveille ou on prend un nouveau train.

← 1 heure 30 à 2 heures →
1 train = 1 cycle de sommeil / 1 nuit = 4 à 6 trains

Si on ne se couche pas au moment du passage de la locomotive d'endormissement, on risque fort de ne pas s'endormir avant le cycle suivant, soit en moyenne 1h30 à 2 heures. C'est aussi la durée moyenne d'une insomnie.

• **Le 3ᵉ cycle** est marqué par un sommeil plus superficiel. Bien qu'il ne bouge presque pas, le dormeur a une sensibilité plus grande à son environnement extérieur. À la fin de ce cycle, le sujet entre à nouveau dans une phase de sommeil paradoxal, celui-ci étant alors de plus en plus important.

• **Le 4ᵉ cycle** comporte une phase de sommeil paradoxal encore plus longue que durant le cycle précédent. Le sommeil est plus léger, plus agité et le cerveau est à cet instant plus actif qu'à l'état de veille proprement dit, d'où l'abondance des rêves. La température du corps commence à remonter.

Le rôle du sommeil

Le sommeil est un instinct qu'ont presque tous les animaux. C'est une loi quasi universelle de notre mère Nature. Le sommeil est pour nous, êtres humains, **un besoin biologique** car l'absence ou le manque de sommeil nous perturbe inévitablement dans nos activités quotidiennes. On n'a jamais vu d'hommes qui ne dormaient pas du tout. Hormis le fait de se reposer, de récupérer, de détendre ses muscles (surtout en période de sommeil paradoxal où le tonus musculaire[1] est nul), on peut se demander à quoi sert le sommeil.

■ Les bienfaits du sommeil lent profond

Depuis quelques années des études[2] ont permis de démontrer le rôle non négligeable qu'il jouait sur la croissance, la cicatrisation, la digestion et dans certains cas, la guérison.

• **L'hormone de croissance.** Produite et libérée à 75 % en phase de sommeil lent et profond, elle est un des miracles du sommeil. On a d'ailleurs vu parfois des insomnies chroniques provoquer, chez certains enfants, un retard de croissance.

---

1. Le tonus musculaire est l'état de légère tension des muscles vivants, au repos.
2. Études de E. Van Cauter : *Rythmes hormonaux et sommeil*, Masson, 1984, et J.F. Fraschini et col. *The natural use of human prolactine is dependant on sleep*, in *Melatonin and the pineal gland*, Elsevier, 1973.

LES BIENFAITS DU SOMMEIL LENT PROFOND

Le sommeil lent profond agit sur :
• la croissance
• la réparation des fractures
• l'activation de la cicatrisation
• la diminution du taux de cholestérol dans le sang

• la digestion
• la diminution des graisses
• la prévention des rides
• l'activité sexuelle

Cette même hormone contribue chez l'adulte à la réparation des fractures, à l'activation de la cicatrisation, à la diminution du taux de cholestérol dans le sang, à la diminution des graisses et aide à la prévention des rides.

• **La prolactine.** Le sommeil stimule la production de cette hormone indispensable à l'activité sexuelle.

• **L'insuline.** Le sommeil stimule également sa production. Sécrétée par le pancréas, elle facilite l'absorption du sucre par les cellules et accélère le flux gastrique, donc la digestion.

En un mot, il faut dormir pour être grand, solide, en bonne santé, avec une jolie peau, une bonne mine et le moins de rides possible ! D'où l'intérêt supplémentaire de ménager son temps de sommeil lent profond.

LES BIENFAITS DU SOMMEIL PARADOXAL

• Il permet au système nerveux de mûrir et de s'organiser.
• Il permet de rêver.

• Il est essentiel à l'organisation de la mémoire.

■ Les bienfaits du sommeil paradoxal

Si les phases de sommeil lent sont bénéfiques, le sommeil paradoxal joue un rôle aussi important sur notre état physiologique : c'est pendant la période du rêve que le système nerveux mûrit et s'organise. Par extension, le stade paradoxal est essentiel à l'organisation de la mémoire.

Si tous les animaux dorment, curieusement seuls les hommes, les oiseaux et les mammifères connaissent une phase de sommeil paradoxal où ils donnent libre cours à leurs songes.

• **Le stade paradoxal est le domaine privilégié du rêve,** même si celui-ci peut apparaître de manière furtive lors des périodes de sommeil lent profond.

• **Plus on est jeune, plus la durée de sommeil paradoxal est longue** : l'enfant passe plus de 50 % de sa nuit en sommeil paradoxal, tandis que l'adulte y consacre tout juste 25 %[1].

• **Le sommeil paradoxal est la période la plus intense au niveau de l'activité cérébrale.** Même si la majeure partie de nos rêves est refoulée dans l'inconscient, ils nous permettent d'échapper aux contingences, loin des soucis quotidiens et de la réalité. Et si l'enfant n'arrive pas toujours à faire la différence entre le rêve et la réalité avant l'âge de trois ans environ, il faut toujours l'y intéresser, lui en parler afin de susciter chez lui une curiosité pour la nuit et ses secrets, qui deviendront par la suite une véritable source de plaisirs. **Car le rêve est avant tout l'expression des fantasmes, des désirs et libère de toutes les angoisses profondes du sujet.**

De la durée du sommeil

Faut-il vraiment dormir pour vivre ?

On se demande souvent d'où vient cette exigence de sommeil.

---

1. Dominique Sansom-Dolfuss : *Le sommeil normal de l'enfant*, in Billiard : *Sommeil normal et pathologique*, Masson, 1995.

Certains spécialistes la justifient par la nécessité de retrouver la position horizontale, la station debout étant encore récente dans l'évolution de l'humanité. D'autres affirment que si l'homme dort encore aujourd'hui, c'est par simple habitude.

Quoi qu'il en soit, à l'heure actuelle, nous avons tous besoin de dormir, selon des horaires et des envies qui sont propres à chacun d'entre nous.

■ Combien de temps faut-il dormir chaque nuit pour être en forme ?

Certains n'ont besoin que de 4 heures de sommeil par nuit alors que d'autres, après 10 heures passées au lit, sont encore fatigués. Ces différences, affichées dès la petite enfance, divisent la population en deux catégories : **les petits dormeurs et les gros dormeurs**, la moyenne de la population se situant dans une marge comprise entre 7 heures et demie et 8 heures et demie de sommeil par nuit.

Chaque individu est unique.

Inutile de chercher à savoir combien d'heures dort votre voisin, lui qui a l'air en si bonne forme, car nous sommes tous inégaux dans notre sommeil. Si celui-ci dépend à la fois de la qualité et de la quantité que nous lui accordons, le premier facteur est bien évidemment plus important que le second. La quantité est donnée par le temps passé à dormir et la qualité passe par le pourcentage de sommeil lent profond et de sommeil paradoxal. **Les « bons dormeurs » ont l'avantage de savoir bien dormir et d'avoir un cycle de sommeil lent profond plus intense.**

Dans notre société, l'usage veut nous faire penser qu'il faut dormir un minimum de 8 heures chaque nuit pour être frais et dispos. Cet état d'esprit repose sur le seul fait que **le Français dort en moyenne 8 heures et 12 minutes par nuit**… ce qui ne préfigure en rien le fait qu'il dorme bien !

Un minimum de repos est nécessaire.

Il semble qu'un minimum de 4 à 5 heures de repos par 24 heures soit nécessaire à tout individu adulte. Ces quelques heures lui permettent d'avoir un temps de sommeil lent profond suffisant pour récupérer. En deçà, la part de sommeil paradoxal serait insuffisante.

Comment savoir si l'on a suffisamment dormi ?

Si le sommeil lent est une fonction vitale, puisqu'il aide à la bonne marche de notre corps, la seule véritable manière de savoir si l'on a suffisamment dormi est **l'absence de toute manifestation de fatigue au cours de la journée**, comme les bâillements ou la simple envie de dormir.

• **L'asthénie** (fatigue physique) est un état qui se manifeste différemment selon les individus, leur sexe, leur activité sociale, leur fonction professionnelle, leur situation familiale et leur âge. Mais en règle générale, un sujet qui ne dort pas suffisamment est fatigué après les repas, craintif, paresseux, consomme davantage de boissons chaudes, de plats sucrés et a souvent froid.

• **Si l'état de fatigue est sévère**, il peut engendrer des signes plus insidieux comme des difficultés de concentration, de mémorisation, d'effort intellectuel, ainsi que des sautes d'humeur, des douleurs musculaires, des migraines et autres céphalées, des troubles sexuels, ou encore une gêne face au bruit et à la lumière.

■ Le temps de sommeil chez le nourrisson et l'enfant en bas âge

Le sommeil de l'adulte se prépare pendant l'enfance.

D'où la vigilance dont il faut faire preuve envers son enfant. Car si l'on en croit les chiffres[1], l'insomnie chez le jeune enfant est en augmentation, et aujourd'hui, la question du sommeil chez le nouveau-né est une des premières raisons de consultation pédiatrique.

---

1. Études de Davidson et Choquet en France, de 1985, et de Logoff et col. aux États-Unis, de 1985.

Perturbés dans leurs propres rythmes du sommeil, les parents souvent par paresse, surmenage ou fatigue se « soulagent » des troubles de leur enfant en ayant recours aux substances sédatives ! La consommation de somnifères chez les enfants en bas âge est d'ailleurs en constante progression chaque année. Les parents préparent ainsi, sans le savoir, de futurs insomniaques.

À la naissance, l'enfant ne connaît que 2 phases de sommeil :

• le sommeil « calme » : qui est un premier cycle d'environ 20 minutes, durant lequel l'enfant a les yeux fermés, ne bouge pas, dort profondément avec une respiration longue et régulière.

• le sommeil « agité » : qui est le second cycle pendant lequel son corps bouge, il cligne des yeux, tète avec ses lèvres, mime diverses expressions du visage et respire de manière saccadée.

Peu à peu les cycles de sommeil de l'enfant s'allongent, respectant toujours cette alternance de phases calmes suivies d'un sommeil plus actif. **Ce sont ces cycles de sommeil actif (paradoxal) qui sont bien plus longs pendant la petite enfance qu'à l'âge adulte.** Ce n'est que vers 18 mois qu'ils se stabilisent et deviennent alors proches de leur forme définitive.

LES GRANDES ÉTAPES DE L'ÉVOLUTION DU TEMPS DE SOMMEIL DE L'ENFANT

• **Le nouveau-né :** dort environ 18 heures par jour, réparties tout au long de la journée sans distinction. Seule la faim le réveille.

• **À 1 mois :** l'enfant dort environ 16 heures par jour.

• **À 2-3 mois :** l'enfant différencie le jour de la nuit et peut physiologiquement dormir une nuit complète, même si certains enfants dorment déjà 8 heures d'affilée à trois ou quatre semaines.

• **À 6 mois :** l'enfant dort environ 15 heures par jour, réparties en 12 heures la nuit et 3 heures de sieste environ au cours de la journée.

• **À 1 an :** l'enfant dort presque 12 heures la nuit et fait une sieste en début d'après-midi.

• **À 4 ans :** l'enfant dort 12 heures et ne fait pas de sieste.

ASTUCE

Comment savoir si votre enfant dort suffisamment ?
Comparez le temps de sommeil de votre enfant durant l'année avec celui des vacances. Si votre enfant dort davantage pendant les vacances, cela signifie qu'il devrait sans doute se coucher un peu plus tôt en période scolaire.

Rien ne sert de comptabiliser les heures de sommeil que vous jugez indispensables et d'ordonner à votre enfant de suivre ce rythme : retenez simplement qu'un enfant en bonne santé physique et mentale est un enfant qui dort bien et suffisamment.

Chaque enfant est à considérer comme un cas particulier quant à sa façon de dormir, ses besoins, ses horaires. Évitez à tout prix de comparer le sommeil de votre bébé avec celui de la voisine, ni même de vouloir faire dormir votre fille comme le faisait son frère aîné. Dans une même famille des différences existent, l'un peut être gros dormeur alors que le suivant aura besoin de bien peu de sommeil. C'est aux parents aussi d'apprendre à connaître leur enfant.

■ Le temps de sommeil des adolescents

L'adolescence est la période de la vie où l'on a le plus besoin de sommeil, plus encore qu'à l'âge de 8 ou 9 ans.
Durant la puberté, le sommeil est sans aucun doute le plus irrégulier, compte-tenu des transformations physiques et physiologiques ainsi que d'un rythme de vie souvent désordonné : les études conjuguées à la vie trépidante des sorties et des boîtes de nuit, ne permettent pas aux adolescents de dormir autant que cela serait nécessaire.

La moyenne est d'environ 7 ou 8 heures par nuit alors qu'à cet âge, le corps réclamerait 9 à 10 heures de sommeil par nuit.
L'adolescent est, en revanche, adepte des siestes et des grasses matinées et, nombreuses sont à cette occasion, les manifestations de troubles du sommeil.

Les enquêtes reflètent une forte carence en heures de sommeil puisque les jeunes entre 15 et 20 ans avouent dormir 1 à 5 heures de plus lorsqu'ils sont en vacances.

■ Le temps de sommeil des adultes et des personnes âgées

On a souvent l'impression que plus on vieillit, moins on a besoin de sommeil.

En réalité avec l'âge, le sommeil se transforme :
- il se fragmente en courtes périodes
- l'éveil entre chaque cycle dure de plus en plus longtemps
- le sommeil lent profond diminue, en durée et en profondeur, et l'individu a de plus en plus de difficultés à y sombrer
- une phase de sommeil paradoxal apparaît plus rapidement après l'endormissement

Les personnes âgées ont une durée de sommeil en moyenne plus courte (6 heures environ) que la population active (8 heures en moyenne).

Cela est dû au rythme de vie qui se modifie peu à peu : avec la retraite, la baisse de l'activité sociale et professionnelle, la fatigue ou encore la solitude, le sujet âgé se couche et se lève plus tôt. Et la sieste redevient souvent un besoin indispensable pour lutter contre une somnolence s'instaurant peu à peu dans la journée.
En moyenne, c'est après 50 ans chez la femme et 65 ans chez l'homme que le sommeil se dégrade : on dort moins bien, moins longtemps, les éveils nocturnes sont plus fréquents et le retour du sommeil plus long à venir.

II. Qu'est-ce que l'insomnie ?

Par définition, l'insomnie désigne une impossibilité de dormir, terme sous lequel sont regroupés les divers troubles du sommeil que peut rencontrer un individu au cours de sa vie. L'insomnie se manifeste avant tout comme une plainte émanant d'une personne insatisfaite de son état au quotidien, de jour comme de nuit. **Nous sommes donc en présence d'un symptôme et non pas d'une maladie.**

Mais bien que mal supporté, celui-ci est souvent bien toléré par la victime : on dort mal, on souffre, on se plaint mais on ne fait rien ! Il en résulte un malaise psychologique plus ou moins profond, des perturbations physiques, un désordre nerveux, ainsi qu'une baisse de résistance aux blessures de toutes sortes, physiques comme émotionnelles.

Trois Français sur quatre sont touchés au cours de leur vie de manière plus ou moins forte et pour une durée plus ou moins longue par une insomnie. Et aujourd'hui, un Français sur cinq souffre d'insomnie sévère.

Les principales caractéristiques de l'insomnie

L'insomnie peut provenir de causes extérieures au sujet comme des horaires de sommeil décalées ; ou de causes plus profondes, liées à sa personnalité comme l'anxiété. Mais lorsque l'on parle d'insomnie, il ne faut pas oublier que ce mot recouvre deux situations : les insomnies occasionnelles qui sont normales et peuvent toucher tout le monde à certains moment de la vie, et les insomnies chroniques qui sont plus graves et qu'il faut soigner.

■ Les causes de l'insomnie

Elle sont multiples et peuvent être extrinsèques ou intrinsèques au sujet.

• Les causes extrinsèques :
– une mauvaise hygiène de vie
– des conditions de vie défavorables
– des horaires de sommeil décalés
– un stress émotionnel ou physique
– un traitement
– des maladies organiques
– des troubles de l'humeur

• Les causes intrinsèques, communes à tous les insomniaques :
– leur grande anxiété
– leur vulnérabilité au stress quel qu'il soit.

Et la cause principale de ce mauvais sommeil devient la peur :
peur du noir, peur de la solitude, peur du silence, peur du sommeil, peur de la mort et enfin peur de sa propre insomnie.

Certaines situations peuvent malheureusement déboucher à court ou moyen terme sur une insomnie chronique si, bien entendu, le sujet ne se soigne pas.

■ Quand peut-on parler d'insomnies ?

Il convient, avant d'aborder ce point, de bien distinguer les insomnies occasionnelles des insomnies chroniques.

Les premières sont normales et peuvent se produire à divers moments au cours de la vie. Les secondes en revanche sont plus sérieuses, anormales et surviennent souvent à la suite d'insomnies occasionnelles auxquelles la personne n'a pas prêté attention.

Qu'il s'agisse d'insomnie occasionnelle ou chronique, on considère trois types d'insomnies :

- **l'insomnie d'endormissement :** difficultés à trouver le sommeil.
- **l'insomnie par trouble de maintien du sommeil :** de multiples réveils au cours de la nuit avec une incapacité à se rendormir.
- **l'insomnie par réveil trop précoce,** avec impossibilité de retrouver le sommeil en fin de nuit.

■ À quels signes reconnaît-on un « vrai » insomniaque ?

• **Les symptômes généraux :** outre des cernes et la mine pâle, le sujet somnole tout au long de la journée, est d'humeur instable, triste, pessimiste, a des variations de poids, subit des pertes de mémoire, se nourrit de plats sucrés et de boissons chaudes.

• **Chez les patients adultes,** la plupart ont tendance à accentuer leur insomnie en sous-estimant leur temps de sommeil, surestimant leur temps d'endormissement ainsi que la durée et la fréquence de leurs éveils nocturnes. Souvent le mauvais sommeil sert à masquer tous les autres soucis.

• **Chez l'enfant,** l'insomnie peut être plus insidieuse. Les enfants ne se plaignent jamais de cette souffrance mais les conséquences leur sont davantage nuisibles : une croissance irrégulière, des problèmes de poids, des problèmes affectifs, ou même l'échec scolaire.

■ Qui sont les « faux » insomniaques ?

Ce sont les petits dormeurs qui s'ignorent. N'ayant un besoin quotidien que de 4 ou 5 heures de sommeil, ils s'obligent à dormir tant bien que mal au moins 8 heures ! Pourtant la différence entre les petits dormeurs et les insomniaques est évidente : avec 4 heures de sommeil derrière lui, un petit dormeur est au mieux de sa forme, ce qui n'est pas le cas de l'insomniaque.

Les insomnies occasionnelles et chroniques au fil des âges

Nous appelons insomnies occasionnelles, les troubles du sommeil qui sont normaux et qui se manifestent à divers degrés chez tout être humain, mais qu'il faut prendre en considération et enrayer le plus vite possible afin de ne pas les laisser dégénérer en insomnies chroniques.

L'insomnie chronique survient la plupart du temps suite à une insomnie occasionnelle qui, parce que le sujet n'a rien fait pour la soigner dès les premiers symptômes, a pris racine dans sa vie. Et plus on tarde à extirper le mal, plus il est difficile à chasser.

Cependant certains insomniaques le sont depuis leur tendre enfance parce qu'ils ont été gênés dans la recherche de leurs rythmes, ont souffert de décalages horaires perpétuels, d'une vie trop irrégulière, etc. Il faut dans ce cas, reprendre en main le patient et le rééduquer à la base.

Suivons l'évolution d'un être humain à travers les années, en exposant toutes les situations pouvant conduire à une insomnie occasionnelle et toutes les situations où elles peuvent devenir chroniques.

■ L'insomnie chez le nouveau-né

On ne peut parler d'insomnie mais d'une immaturité des centres du sommeil car le nouveau-né n'est pas rythmé sur 24 heures. Tous les parents ont été confrontés aux quelques nuits difficiles des deux ou trois premiers mois de leur enfant qui lui laissent le temps de régler ses horloges internes et de trouver ses propres rythmes.

L'enfant acquiert ses rythmes de façon naturelle. Bien souvent les parents, épuisés, lui administrent un sirop pour l'endormir, mais en agissant ainsi ils ne font que favoriser un décalage. Et l'enfant risque de développer une incapacité à s'endormir de façon autonome.

Les « dysrythmies du soir »

Outre les réveils nocturnes, une grande majorité de nouveau-nés souffre de ce qu'il est convenu d'appeler les « dysrythmies du soir ». Les colères sont plus ou moins marquées selon les nouveau-nés : chaque soir, souvent entre 19 heures et minuit, de manière inexpliquée l'enfant se met à hurler et à ne plus vouloir dormir. Rien ne le calme, ni le biberon, ni les câlins, ni les chansons, ni les promenades, ni les bras de la maman. Et cela dure en moyenne deux heures ! Il n'y a malheureusement pas grand-chose à faire, ce phénomène s'interrompt de manière naturelle vers 3 mois.

Cependant, avant de mettre sur le compte des dysrythmies les pleurs de votre bébé, veillez tout de même à ce qu'il ne s'agisse pas d'autre chose : peut être a-t-il faim, soif, chaud, froid, souffre-t-il de troubles digestifs (diarrhée, constipation, flatulences) ou d'autres symptômes (éruptions, fièvre) ou peut-être doit-il être changé. Si les réponses à toutes ces questions restent négatives, il ne vous reste qu'à faire preuve de patience.

En grandissant, le bébé trouve d'autres raisons de ne pas dormir :

• **Des tensions ou des conflits au sein de sa famille** peuvent, dès les premiers mois, l'empêcher de trouver rapidement le sommeil.
• **Un déménagement, un voyage, un traitement** peuvent aussi le gêner.
Mais l'ensemble de ces troubles n'aura en général aucune conséquence et disparaîtra en quelques jours.

ASTUCE

Prenez votre enfant dans un porte-kangourou et faites les cent pas, l'odeur de votre peau le rassurera et si cela ne l'endort part, au moins il pleurera un peu moins !

■ L'insomnie chez l'enfant et l'adolescent

L'enfant doit s'habituer à la nuit, à ses cycles et cela ne se fait pas toujours sans difficultés.
Les enfants peuvent rencontrer de nombreux troubles du sommeil. Ceux-ci ne doivent pas inquiéter, ils ne présentent aucun danger tant qu'ils restent occasionnels. En cas de troubles persistants, mieux vaut consulter un pédiatre.

Les manifestations de l'insomnie occasionnelle

En général, il s'agit de problèmes liés au réveil ou à l'endormissement, aux éveils nocturnes et aux cauchemars.
Cependant, dès le plus jeune âge, les enfants peuvent souffrir d'insomnies plus graves dont l'origine est de deux ordres : affectif ou social.

Les causes affectives : une jalousie fratricide, la séparation ou un conflit parental sont parmi les causes les plus importantes.

La cause sociale se présente sous la forme d'un stress lié à la scolarité (un échec, un examen, une autorité professorale excessive), à l'asocialité du sujet ou à des problèmes liés à la drogue.

Les causes d'insomnies spécifiques à l'adolescent : l'irrégularité de ses nuits, de ses heures de coucher et de réveil et les nuits blanches sont les autres causes de ses insomnies. Il en résulte un profond bouleversement des cycles et un désordre total à ce niveau. Si le sujet a une possibilité de récupération durant la

N'OUBLIEZ PAS

Le risque de la privation du sommeil chez l'adolescent, c'est aussi le risque d'accident. La moitié de la mortalité par accident de la route concerne les 18/25 ans et ceux-ci se produisent principalement la nuit, entre 2 et 5 heures du matin.

semaine, il pourra retrouver un rythme normal et ne pas être trop gêné. En revanche certains sont incapables de soulager leur fatigue et une insomnie s'installe peu à peu.

Le rôle de la télévision dans les troubles du sommeil des enfants et adolescents

Pour l'enfant comme pour l'adolescent, il faut reconnaître qu'aujourd'hui la télévision accentue de plus en plus les troubles du sommeil. Tous se lèvent tôt et/ou se couchent tard pour ne pas manquer leur dessin animé, feuilleton ou émission préférés.

La télévision déclenche un stress dès lors qu'elle est trop regardée et la conséquence majeure de cette carence est l'échec scolaire, avec une diminution de la concentration et une baisse de la mémorisation.

Cependant, il vaut mieux dans certains cas autoriser un enfant à regarder un film ou une émission intéressante un soir, même s'il se couche plus tard qu'à son habitude, quitte à ce qu'il rattrape son retard de sommeil le lendemain en se couchant plus tôt. Il ne

---

PETITES ASTUCES POUR FREINER LES BOULIMIQUES D'IMAGES

• Acheter un magazine des programmes de télévision et demander à l'enfant quelles sont ses émissions préférées : il aura le droit d'en regarder un nombre limité et pourra en visionner un peu plus s'il respecte vos conditions, si les résultats scolaires sont excellents ou s'il est particulièrement sage, par exemple.

• Lui proposer d'autres activités : sports, lecture, dessins, couture, cuisine, gravure, photo, poterie, modélisme, maquettisme, etc. Choisir des activités qu'il pratiquera seul et d'autres que vous partagerez.

• Regarder ensemble des émissions et en parler afin de ne pas le transformer en téléspectateur passif mais instaurer un dialogue entre vous.

• Redécouvrir le plaisir de partager un dîner en famille en éteignant la télévision au moment de passer à table. Si l'un d'entre vous ne peut se passer de regarder le journal télévisé par exemple, dînez avant ou après, mais sans bruit de fond.

• Si vous avez un magnétoscope, enregistrez les émissions trop tardives.

souffrira pas de manque de sommeil. Il n'est pas question de supprimer la télévision mais de savoir l'utiliser.

L'insomnie chronique chez l'enfant et l'adolescent

Malgré toutes les idées reçues, **dès son plus jeune âge, un enfant peut souffrir d'insomnies chroniques** et de graves troubles du sommeil. Ceux-ci sont, dans la majeure partie des cas, sans conséquences graves mais il faut les traiter avec sérieux pour éviter tout débordement vers un malaise plus profond.

Lorsqu'il est en bas âge, l'enfant pleure ou se manifeste s'il n'arrive pas à trouver le sommeil, avertissant ainsi ses parents de ses difficultés. Mais plus il grandit, plus il est indépendant et il devient difficile pour les parents de déceler les insomnies.

Un enfant peut facilement dissimuler ses insomnies : un passionné de lecture taira les longues heures passées à lire, caché sous ses draps avec une lampe de poche. Un autre se relèvera la nuit pour regarder les derniers programmes de télévision, jouer avec son ordinateur ou ses jeux électroniques. Le problème des insomnies chez les enfants et encore plus chez l'adolescent, s'aggrave dès qu'il y a un manque d'attention des parents.

Alors comment se manifeste un trouble du sommeil chronique chez l'enfant ?

Un enfant qui ne dort pas assez ou mal est un enfant en mauvaise santé. S'il ne se plaint pas de troubles du sommeil, c'est à vous de chercher les conséquences qu'ont ses nuits sur son éveil et ses activités.

D'un point de vue intellectuel, l'enfant peut manifester :
• des troubles de la mémoire
• un retard scolaire
• moins d'imagination
• des troubles du comportement
• une mauvaise adaptation sociale.

Au niveau affectif :
• de la nervosité
• de l'anxiété
• des caprices
• parfois des cas de dépression.

Sur le plan physique, lorsque les insomnies sont sévères, on peut noter des retards de croissance.

À l'origine de ces troubles, il y a en général non pas une cause mais plusieurs.

S'il peut avoir de lourdes conséquences sur le bien-être et l'avenir du sujet, en revanche un problème de sommeil chez l'enfant décelé de manière précoce disparaîtra plus vite que chez un adulte. D'où la nécessité de le prendre en compte afin qu'une insomnie ne s'installe pas dans la vie de l'enfant et de l'adolescent avant l'âge adulte.

■ L'insomnie chez l'adulte

Les soucis sont à l'origine du plus grand nombre de troubles du sommeil. **La maladie** est un autre facteur important, ainsi qu'un **choc affectif brutal**, des **décalages horaires** (dus à un déplacement ou au passage de l'heure d'hiver à l'heure d'été), un **changement de cadre** de sommeil, une modification du rythme quotidien ou **un changement social ou professionnel.**

Apparaissent aussi, dès l'adolescence, des insomnies liées à **une forte consommation de toxiques (café, thé, alcool, drogue).**

La femme au fil des âges et **les personnes âgées** voient parfois s'installer des troubles du sommeil spécifiques.

Toutes ces situations sont généralement brèves et disparaissent de façon naturelle, une fois que l'individu est sorti du contexte gênant. Si celles-ci se prolongent ou s'installent dans la vie du sujet de façon régulière, il faut alors considérer le problème plus sérieusement et envisager d'y remédier, de manière à ne pas entrer dans le cercle des insomnies chroniques.

• La dépression

La dépression s'accompagne presque toujours de troubles du sommeil... et à l'inverse, ceux-ci annoncent aussi bien souvent l'imminence d'une dépression. Selon les individus, ils se manifestent par des insomnies ou des hypersomnies, survenant parfois en alternance.

La particularité du dépressif est de se réveiller de très bonne heure, vers 5 ou 6 heures du matin et de ne pas arriver à se rendormir. Le sujet est aussi perturbé par des éveils multiples au cours de la nuit.

La solution proposée pour traiter ces problèmes est de soigner dans un premier temps la dépression puis, une fois le patient guéri, de poursuivre avec une thérapie douce (relaxation par exemple) accompagnée de règles d'hygiène de vie quotidienne.

• La maladie

C'est un facteur d'insomnie dans la mesure où la prise de certains médicaments peut engendrer des troubles dans le fonctionnement de l'organisme. À la suite d'un simple traitement dont l'action a perturbé ses rythmes, l'adulte ou la personne âgée, peut souffrir de troubles du sommeil entraînant une insomnie.

Il convient d'en parler à son médecin qui réexaminera la prescription en modifiant les doses. L'arrêt du traitement permettra de toute façon au sujet de retrouver rapidement son sommeil habituel.

Il est également important de noter qu'une fièvre élevée empêche un sommeil profond.

• La douleur

Allant souvent de pair avec la maladie, la douleur est chez bon nombre d'adultes et de personnes âgées une cause fréquente d'insomnies : gêne en position allongée, douleur trop vive pour trouver un sommeil profond, etc.

• L'amaigrissement

Une période d'amaigrissement sévère, en cas d'anorexie ou imposée médicalement, peut être à l'origine d'insomnies.

La fatigue liée à ce changement trouble psychologiquement le sujet, le dérègle dans ses cycles et peut se transformer en insomnies, avec éveils répétés et gêne pour trouver le sommeil.

Un médecin aidera les patients, en fonction de leur âge et des raisons de leur amaigrissement, à retrouver le sommeil.

• Un changement de statut social

Le chômage de longue durée, la perte d'un emploi, la baisse de salaire, l'échec dans le processus de réussite professionnelle, sont autant de cas pouvant déboucher sur une insomnie. Celle-ci peut, si la situation se prolonge, devenir chronique.
Les solutions sont surtout axées autour de méthodes douces : relaxation, acupuncture, homéopathie, accompagnées d'un éventuel suivi psychologique (voir *Les médecines douces*, page 117).

• Un bouleversement affectif

Tout changement au niveau de la situation affective perturbe le sommeil, à différents niveaux selon les sujets. Un mariage, un divorce, ou une naissance imminente conduisent à un état général déstabilisé qui s'observe aussi dans le sommeil.
Un médecin peut, dans ce cas, prescrire des somnifères (traitement de courte durée) et compléter cette action par de la relaxation (voir *La relaxation*, page 90) ou un soutien psychologique.

• Un choc émotionnel

Le deuil, l'accident, une maladie ayant entraîné des séquelles graves (paralysie, amputation, etc.) conduisent bien souvent à des insomnies.
Pour y remédier, un soutien psychologique sera le plus efficace. Il peut être accompagné d'une prescription de somnifères (voir *La médecine classique*, page 109).

• Une angoisse profonde de la mort

Cette angoisse peut apparaître à tout moment de la vie, parfois au moment de l'adolescence, mais elle s'accentue en vieillissant, avec la baisse de l'activité physique et sociale (âge de la retraite).

Ces angoisses contrarient le sommeil de la personne surtout si elle est âgée, invalide ou malade.

Cependant, si la personne éprouve **des difficultés pour s'endormir,** une fois qu'elle a trouvé le sommeil, la nuit se déroule en général dans de bonnes conditions.

Les traitements seront différents selon l'âge des individus, l'importance et la fréquence des angoisses : homéopathie, acupuncture, relaxation, psychothérapie, allopathie (voir *Se faire aider*, page 109).

• Les couche tôt et les couche tard

Certaines personnes pensent être insomniaques alors qu'elles ont juste un manque de connaissance de leurs besoins et de leur sommeil. Ce sont des individus biologiquement « couche tard » qui s'obligent à se mettre au lit de bonne heure, espérant ainsi mieux dormir. En résulte un endormissement long, qui développe de l'anxiété et de la nervosité. L'inverse est aussi vrai lorsqu'un « couche tôt », se couche trop tard.

Ces changements provoquent des perturbations passagères indéniables mais **la situation ne justifie pas un traitement.** Une meilleure connaissance de soi, de ses besoins, de ses cycles et une bonne hygiène de vie suffisent à rétablir un rythme adapté au sujet. Si toutefois les troubles se prolongeaient, il conviendrait alors d'entamer une procédure thérapeutique avec un programme de régulation des cycles (voir les adresses, en fin d'ouvrage).

• Troubles spécifiques à la femme

Les occasions de connaître des perturbations du sommeil sont plus fréquentes au cours de la vie des femmes. Ils passent inaperçus chez certaines, mais peuvent parfois s'installer et générer de graves problèmes chez d'autres.

• **Pendant les règles** des problèmes de sommeil, liés aux douleurs provoquées par celle-ci, peuvent apparaître. Les nuits sont alors perturbées, écourtées, le sommeil profond parfois réduit et la fatigue de la femme se fait sentir tout au long de la journée.

• **La grossesse** est souvent ponctuée de périodes d'hypersomnies et d'insomnies : la femme est déréglée dans ses horloges biologiques et le besoin de repos est plus important.

• **Après une naissance**, les premiers mois peuvent être marqués par des problèmes post-partum qui sont d'autant plus exténuants pour la femme que ses nuits sont entrecoupées de deux ou trois pauses tétée ou biberon. Les rythmes de sommeil sont alors bouleversés. Il faut attendre plusieurs mois pour voir tout rentrer dans l'ordre, que le bébé ne se réveille plus la nuit et que l'on retrouve ses cycles de sommeil.

D'autre part, bien des femmes connaîtront dès la naissance de leur premier enfant des troubles du sommeil, liés à l'angoisse de ne pas entendre leur enfant pleurer. Pourtant, une jeune maman n'entend jamais le camion poubelle s'arrêter sous ses fenêtres, mais se réveille au moindre « gazouillis » de son chérubin.

• **La période de la ménopause** est aussi marquée par de fréquentes insomnies dues au bouleversement hormonal associé à une remise en question psychologique de la femme.

• Le sujet âgé

La personne âgée est plus fragile. Parmi tous les cas cités précédemment, il faut insister sur deux facteurs intimement liés à cette catégorie de population : ce sont les angoisses de la nuit et la peur de la mort.

D'autre part, une insomnie occasionnelle survenant chez un sujet âgé peut plus facilement conduire à une insomnie chronique, d'où l'extrême vigilance qu'il faut lui accorder.

• L'insomnie chronique chez l'adulte

L'insomnie chronique est souvent due au mode de vie et peut débuter consécutivement à des troubles occasionnels. Le sujet devient dépressif, pessimiste, triste, toujours fatigué, se plaignant à longueur de journée.

Avec le temps, l'insomniaque entretient ses troubles et se conditionne pour ne pas dormir. Il ne dort pas ou mal : il sait que la nuit sera difficile et une angoisse se crée. Devant cette peur de dormir, ce stress lié à l'insomnie, le sujet entre dans un véritable cercle vicieux auquel il n'arrive plus à échapper.

Les autres troubles du sommeil : le ronflement, le somnambulisme, les terreurs nocturnes et les cauchemars

S'ils peuvent faire sourire, il est des déséquilibres qui interrompent la vie d'un bon dormeur jusqu'à le rendre parfois insomniaque : le ronflement, le somnambulisme, les peurs nocturnes et les cauchemars en font partie. Il convient pour cela de surveiller leur évolution et ne pas hésiter à les soigner lorsqu'ils prennent une place trop importante et influent de manière négative sur le bon déroulement du sommeil du sujet ou de ses compagnons de nuit.

■ Le ronflement

Bien que sujet souvent tabou, le ronflement concerne de nombreuses personnes et la grande majorité nie ronfler. Tout le monde s'accuse et personne n'y croit, la parole du témoin – souvent celle du conjoint – étant toujours mise en doute.

LES RONFLEURS

- Les ronfleurs chroniques représentent 15 % de la population[1].
- Le ronfleur type est de sexe masculin et a plus de 25 ans.

- Après 60 ans : 60 % des hommes et 40 % des femmes sont des ronfleurs chroniques[2].

1. Étude de Gislasan et col., Suède, 1987.
2. Étude de Lugaresi et col., Italie, 1980.

LE SYNDROME D'APNÉES DU SOMMEIL

Le ronflement peut être un risque pour le ronfleur, c'est ce qu'on appelle le syndrome d'apnées du sommeil.

Apparaissant souvent dès le plus jeune âge, ces apnées sont caractérisées par :

• un ronflement sonore permanent
• une respiration par la bouche ouverte
• une transpiration excessive
• de nombreuses pauses respiratoires bruyantes

Ces signes reflètent une obstruction des voies aériennes, gênant le passage de l'air. De plus ces sujets dorment dans des positions anormales, assis ou la tête rejetée en arrière, ont un sommeil agité avec des cauchemars fréquents et souffrent de réveils difficiles. La plupart des apnées peuvent être soignées, n'hésitez pas à en parler à votre médecin.

Si les ronfleurs chroniques existent, tout individu (y compris les bébés) est un ronfleur potentiel. Il suffit d'avoir trop bu, trop fumé (notamment des cigares), mangé en trop grande quantité ou trop épicé, être fatigué ou malade pour passer la nuit à ronfler.

Dans la grande majorité des cas de ronflement, on peut envisager une opération.

Malgré l'existence non négligeable de cas de récidives ou de complications postopératoires, cette opération peut s'avérer radicale : vous retrouverez un sommeil de plomb et votre conjoint dormira à nouveau sur ses deux oreilles.

Parlez-en à votre médecin, celui-ci vous conseillera après un diagnostic médical car l'opération n'est pas indiquée pour tout le monde, notamment les personnes sujettes aux apnées du sommeil.

Toutefois, lorsque le ronflement est léger ou occasionnel, il n'empêche généralement pas l'individu de dormir mais seulement son conjoint ou ses voisins. Et il devient difficile de convaincre le sujet concerné de se faire opérer ; il ne reste alors aux autres qu'à opter pour la solution des boules Quiès, ou de la tête sous l'oreiller, ou de la chambre séparée et, pour les voisins, de revoir leur isolation phonique ! Si le ronfleur

---

LES BONS CONSEILS DE GRAND-MÈRE

Si rien ne marche, vous pouvez toujours essayer de :
• prendre un bain de siège froid suivi d'un bain de pied chaud avant de vous coucher.
• vous fabriquer un délicieux cocktail composé de 1/3 de jus d'airelles pressées, 1/3 de vinaigre de cidre, 1/3 de lait de vache, 1 pincée de gros sel, 3 gouttes d'iode. Agitez le tout, et saupoudrez de paprika ! C'est à boire une heure avant de se mettre au lit. Mais pour que cette potion magique soit vraiment efficace, il faudrait à en croire certains ajouter un cataplasme de pomme de terre derrière chaque oreille...

reste persuadé de ne jamais ronfler, vous pouvez toujours essayer de l'enregistrer en pleine action et de lui faire écouter le lendemain matin au réveil son doux chant nocturne. S'il est compréhensif il pourra s'habituer à dormir sur le ventre car le bruit du ronflement dans cette position est atténué.

■ Le somnambulisme

Tant qu'il ne gêne pas le sujet concerné mais plutôt son entourage proche, le somnambulisme n'a pas lieu d'inquiéter. Le dormeur se lève, déambule, marche, ouvre des portes et des placards au gré de son inspiration et après son petit tour, retourne se coucher sans s'être réveillé. **Tant qu'il n'est pas en danger, il ne faut jamais réveiller un somnambule ;** il suffit d'approuver ce qu'il dit, de le guider vers son lit et de l'aider à se recoucher calmement.

Le somnambulisme devient dangereux lorsque l'individu se met en situation d'imprudence ou fait courir des risques autour de lui. Il convient dans ce cas de prendre des mesures de sécurité : fermer à clé la maison, bloquer les fenêtres avec un système de sécurité, fermer le gaz, etc.

Ce phénomène peut apparaître à tout âge, souvent à la suite d'un bouleversement comme un choc affectif, un changement social, un problème médical, etc.

Pour y remédier, beaucoup se tournent vers l'hypnose (voir

L'hypnose, page 121) même si un traitement de fond (psychothérapie) s'impose dans les cas où le somnambule se met régulièrement en situation dangereuse.

■ Les terreurs nocturnes et les cauchemars

Tout le monde a déjà été réveillé par des cauchemars ou une terreur nocturne, mais ceux-ci touchent essentiellement les enfants.

En effet, les enfants connaissent tous une période de cauchemars, et il faut alors veiller à ce que cela ne les perturbe pas trop.

Ces troubles sont souvent liés à un changement de rythme ou à des problèmes relationnels ou conflictuels avec les parents.

La caractéristique propre aux terreurs nocturnes est l'agitation et la transpiration (c'est une hyperactivité).

Pour soulager l'enfant sujet à des troubles réguliers, il faut dans un premier temps l'aider à se libérer de ses pulsions au cours de la journée : il doit pratiquer une activité physique, peu importe laquelle.

Si cela n'est pas suffisant, un traitement homéopathique ou un suivi en relaxation en viendront facilement à bout.

Les parents peuvent aussi contribuer à améliorer cette situation par une attitude rassurante (sans aller jusqu'à prendre l'enfant avec eux dans leur lit). Celui-ci doit être écouté, entendu et rassuré. Il faut lui imposer une certaine régularité dans son sommeil, ne pas modifier ses habitudes et surtout le laisser dans son lit, que celui-ci ne soit pas associé à ses cauchemars.

L'HYPERSOMNIE UNE MALADIE À PART ENTIÈRE

Contrairement à ce que l'on pourrait croire, il y a des personnes pour qui trop dormir est aussi pénible que le manque de sommeil pour d'autres : c'est l'hypersomnie.

- La narcolepsie ou syndrome de Gélineau est une des causes d'hypersomnie, maladie à part entière qui a une origine génétique et touche environ un individu sur 20 000.

- Ses manifestations sont de fréquents accès de sommeil dans la journée contre lesquels le sujet ne peut lutter, s'endormant directement en phase de sommeil paradoxal. La personne se trouve en pleine activité sociale, familiale ou professionnelle lorsqu'elle s'effondre littéralement en plein sommeil et peut ainsi dormir pour une durée variable allant de 5 minutes à 1 heure. Son réveil est soudain, le sujet est troublé, ne se souvient pas avoir cherché à lutter un seul instant contre une quelconque fatigue et est incapable de dire combien de temps il a dormi. La moindre émotion peut aussi faire tomber le sujet concerné dans le sommeil. On a même entendu parler de certains malades éprouvant certaines difficultés à faire l'amour, le trop plein d'émotion se dégageant des prémices amoureuses les faisant immédiatement chavirer en plein sommeil !

- Autre caractéristique de la narcolepsie : les hallucinations de jour comme de nuit sont fréquentes car le malade rêve alors qu'il est éveillé.

- Quant à la nuit, malgré tout ses petits sommeils de la journée, le narcoleptique dort très mal. En réalité, il ne sait pas dormir et s'il glisse avec une aisance déconcertante en phase paradoxale, en revanche il ne sait pas (ou mal) trouver le sommeil lent profond, d'où un mauvais sommeil nocturne.

- Un enfant à caractère hypersomniaque connaîtra des troubles du sommeil dès son plus jeune âge. En plus des critères classiques de la maladie, l'enfant souffre de maux de tête au réveil et semble toujours fatigué, usé, sans aucun tonus. De même, il s'endort pendant ses cours. Mais plus cette maladie est considérée et prise en charge de manière précoce, plus on a de chances de soulager le patient. L'hypersomnie nécessite une consultation et un suivi médical.

III. Connaître et analyser son sommeil

Pour retrouver un bon sommeil il convient, avant tout, d'être à l'écoute de son corps afin d'apprendre à connaître ses rythmes de sommeil et ses besoins.

À chacun ses rythmes et ses besoins de sommeil en fonction de ses horloges intérieures.

Imposés dès la naissance, les rythmes de sommeil sont difficiles à changer, c'est à chacun d'entre nous de s'y adapter. Avant de vouloir moduler son sommeil, il convient de connaître ses rythmes, ses cycles, ses besoins et de savoir ce dont on souffre vraiment. C'est pourquoi il faut, dans un premier temps, **faire un bilan.**

■ Faites un bilan général

Pendant au moins vingt jours, inscrivez sur un carnet tout ce qui concerne votre sommeil.
• Notez l'heure à laquelle vous vous couchez, celle de votre réveil, l'usage ou non d'un réveille-matin et les siestes éventuelles faites au cours de la journée.
• Jugez aussi votre état de fatigue (vous pouvez par exemple vous donner une note entre 0 et 20), le nombre de vos éveils nocturnes et utilisez une colonne pour tous les éléments extérieurs venus perturber votre nuit : maladie, réveil par un bébé, changement de lit, de climat, etc.

• Calculez ensuite la moyenne de tous vos résultats obtenus de façon à savoir de quelle manière vous dormez et comment se compose votre nuit.

Vous arriverez d'après ce bilan à savoir si vous êtes un couche tard ou un couche tôt, quels sont les éléments qui gênent votre sommeil, et le nombre d'heures de sommeil dont vous avez besoin pour être en forme.

■ Déterminer vos cycles de sommeil

Pour déterminer vos cycles, choisissez une période calme, sans stress ni angoisses, pendant un week-end ou en vacances par exemple. Dès la fin de la journée, concentrez-vous et soyez à l'écoute de votre corps. Celui-ci va vous lancer au fil des heures, plusieurs messages auxquels en temps normal, vous ne prêteriez guère attention : quelques bâillements, la tête lourde, les yeux secs et qui piquent, la vue qui devient floue, l'envie de ne plus rien faire, de ne plus bouger ou ne plus parler. Vous vous sentez partir, un véritable « coup de pompe ».
Notez l'heure à laquelle ils surviennent et patientez jusqu'aux

COMMENT DÉTERMINER SES CYCLES DE SOMMEIL

• Vers 18 h 15, vous ressentez les premiers signes qui vous alertent. Puis à nouveau à 20 h. La soirée se poursuit et à 21 h 45, les messages se reproduisent. Patientez encore et vers 23 h 30, le début d'un nouveau cycle de sommeil s'annonce. Vous savez maintenant que vos cycles durent 1 h 45.

• Si vous êtes très fatigué un soir, il vaudra mieux vous coucher à 21 h 45 plutôt que d'attendre 23 h 15, car si vous pouvez tout de même vous endormir dans cet intervalle, cela sera plus difficile.

• Un quart d'heure avant le début de vos cycles, couchez-vous sans attendre et ne traînez pas inutilement, vous risqueriez de manquer le « train de sommeil », ce qui vous obligerait à prendre le suivant. Vous seriez fatigué, énervé de ne pouvoir vous endormir et vous penseriez déjà souffrir d'insomnie !

signaux suivants : entre ces deux intervalles, il s'écoule en moyenne 1 h 30 à 2 h 10. C'est la durée d'un cycle. Lorsque vous avez relevé ce temps ainsi que l'heure à laquelle ils débutent, vous n'aurez plus les jours suivant qu'à vous mettre au lit quelques minutes avant le début d'une phase. Vous embarquerez dans un bon sommeil au moment le plus favorable.

Test : découvrir et analyser son sommeil

Connaissez-vous vos rythmes du sommeil ? Pour vous aider, voici un tableau (p. 51) qu'il vous suffit de remplir.
À vous, si vous souhaitez poursuivre ce petit test, d'analyser le tableau. Celui-ci est à réaliser sur une durée d'un mois. Si besoin est, poursuivez le test sur le même modèle, pendant un mois supplémentaire. Vous aurez ainsi une idée plus précise de vos troubles et des causes qui gênent votre sommeil.

■ Le tableau

Ce tableau vous permet de mieux vous connaître :
• savoir combien d'heures de sommeil votre organisme sollicite chaque jour
• voir à quoi sont liés vos troubles
• calculer vos cycles de sommeil
• apprécier l'influence d'une journée sur la nuit suivante.

■ Analyse du tableau

• Faites une moyenne du nombre d'heures de sommeil chaque nuit.

• Analysez les insomnies et trouvez quelles sont les causes les plus fréquentes. Sont-elles du même ordre (angoisse, trac, trouble affectif, déplacement, etc.) ?

• Les heures marquées d'une croix (envie de dormir) sont le départ de vos cycles de sommeil.

• Prenez ensuite du recul par rapport à ce schéma afin d'en tirer les conclusions sur votre activité nocturne ; posez-vous les bonnes questions :

Les nuits du vendredi et du samedi soir (week-end) ne sont-elles pas meilleures que les autres jours de la semaine ?

Y a-t-il des soirs plus pénibles que d'autres ?

Quelles sont les causes influençant mon sommeil ?

Les jours où je connais des troubles sont-ils les mêmes chaque mois ?

Ai-je vraiment des troubles du sommeil ? Etc.

Afin d'obtenir un résultat satisfaisant, il faut tenir ce tableau à jour et l'avoir toujours à portée de main pour prendre en compte les heures auxquelles l'envie de dormir se manifeste.

JOUR	DATE	1	2	3	4	5	6	7	8	9	10	11	12
L													
M													
M													
J													
V													
S													
D													
L													
M													
M													
J													
V													
S													
D													
L													
M													
M													
J													
V													
S													
D													
L													
M													
M													
J													
V													
S													
D													

HEURES												QUALITÉ DE LA JOURNÉE	QUALITÉ DU SOMMEIL	CAUSES
13	14	15	16	17	18	19	20	21	22	23	24			

■

Retrouver un bon sommeil

■

I. Les règles de vie

Si l'on veut bien dormir, il faut acquérir une certaine hygiène de vie, changer ses habitudes pour se sentir bien dans son corps et par conséquent dans sa tête. Il faut se connaître, prendre son corps en main et comprendre que certaines erreurs reproduites de manière quotidienne peuvent gâcher toute une vie. La santé passe par le sommeil et donc par une bonne hygiène de vie. C'est en quelque sorte un cercle vicieux auquel vous ne pouvez échapper.

Comprendre les besoins de son corps

Cela commence par un rythme de vie régulier et le respect de certains grands principes : se lever et se coucher à des horaires réguliers, instaurer un rituel du coucher et ne pas faire d'efforts violents ou d'exercices physiques intenses avant de se coucher. Mais si cela peut s'acquérir à l'âge adulte, cela doit être un automatisme pour l'enfant.

En lui apprenant dès sa naissance à acquérir cette hygiène de vie, vous faciliterez son équilibre, son éveil et son développement physique et intellectuel. Élever son enfant dans ce sens, c'est l'aider pour son avenir, faire de lui un être bien dans son corps. C'est pourquoi les parents doivent, dans la mesure du possible, toujours respecter les envies et les besoins de sommeil de leurs enfants, même si cela ne les arrange pas. Enfin il faut éviter de décaler un enfant dans ses habitudes, même en week-end ou en vacances et ne déroger à cette règle qu'en cas exceptionnel et si vous savez qu'il pourra rattraper ce temps perdu le lendemain, par exemple.

■ La régularité

Vous êtes-vous déjà demandé si vos troubles du sommeil n'étaient pas liés à la vie instable que vous menez ? Il est certain que si pendant une semaine vous vous couchez tous les soirs à 4 heures du matin et que la semaine suivante pour récupérer vous essayez de vous mettre au lit à 22 heures trois jours de suite, votre organisme n'arrivera pas à s'adapter. Et vous ne trouverez pas le sommeil ou vous dormirez très mal.

Le corps a besoin de régularité et de discipline. Il faut retrouver un désir de régulation de son corps. Lui imposer des limites, savoir lorsqu'on les dépasse, deviner le mal qu'on lui fait subir et quelles en seront les conséquences.

L'homme a des repères qui lui sont donnés depuis sa plus tendre enfance :

- alternance du jour (avec une activité) et de la nuit (consacrée au repos) ;
- implication dans une activité sociale : école puis travail avec horaires fixes ;
- heures des repas : trois repas par jour pris dans un créneau horaire qui ne bouge quasiment pas.

Nous sommes donc plongés dans un monde encadré par des repères qui nous guident et sur lesquels nos horloges biologiques s'adaptent. Un désordre à ces niveaux peut induire un fort déséquilibre du sommeil.

La régularité chez les adultes

Se coucher à des heures tardives un soir ou deux consécutifs peut être compensé et ne perturber en rien votre sommeil, à condition que cela ne devienne pas systématique. Si en deux ou trois jours, votre horloge biologique remet les pendules à l'heure, **il faut une certaine cohérence dans les horaires de sommeil que l'on impose à son corps pour arriver à surmonter les irrégularités**.

Certains gèrent leur sommeil en s'imaginant qu'il suffit de dormir 8 heures chaque nuit pour être en forme, sans se soucier de l'heure à laquelle ils se couchent.

Par exemple un jeune homme qui se couche un soir à 5 heures du matin, dort huit heures de suite, puis le lendemain se couche à 22 heures pour se lever – travail oblige – à 6 heures. Qui, le soir venu, sort à nouveau pour se coucher vers 2 heures du matin et se lever à 10 heures, manque de régularité.

Ce jeune homme n'a aucune règle de sommeil, son corps ne parvient pas à satisfaire ses besoins. Il croit, à tort, suivre une certaine logique en dormant 8 heures par nuit, quelle que soit l'heure à laquelle il se couche, mais **il lui manque la régularité**.

Cette notion est d'autant plus importante chez l'enfant

Un enfant qui n'a ni horaires, ni régularité dans la durée et l'heure de coucher sera sans aucun doute déstabilisé.

À la base, il faut donner à l'enfant une logique de régulation pour ensuite pouvoir lui permettre des écarts. S'il y a dérapage tous les jours, cela n'a plus de sens et l'enfant ne s'y retrouve plus dans ses rythmes biologiques.

La régularité du coucher est donc fondamentale chez l'enfant : c'est elle qui lui permet de trouver son rythme et de prendre ses repères dans le temps. Un enfant doit évidemment être habitué à s'endormir partout, et les parents favorisent souvent cet aspect des choses. Il est bien agréable d'emmener son enfant chez des amis et qu'il dorme sans faire d'histoires. Pourtant pour bien dormir et s'endormir partout, un enfant doit évoluer sur des bases solides et ne connaître aucun trouble du sommeil. Pour cela chez lui, ses parents doivent le coucher à heures régulières. Avec de telles habitudes, il n'aura aucune difficulté à trouver le sommeil seul et, hors de son contexte familial, ne connaîtra pas d'insomnies. Une fois ce rythme acquis, l'enfant peut alors sans problème faire quelques dérapages sans pour autant endommager son capital-sommeil.

N'oubliez pas que ce n'est pas uniquement à vous de fixer l'heure à laquelle il doit se coucher. Ce n'est pas parce que vous avez décidé de le mettre au lit à 20 h, que cette heure lui convient forcément. Observez son comportement pendant une semaine. Vous vous apercevrez alors que votre enfant a un cycle de sommeil qui débute peut-être à 19 h30 ou à 20 h 30 !

■ Adapter son rythme de sommeil à son style de vie

En règle générale

Le bon sens veut que chacun dorme en fonction de ses besoins, mais aussi de son style de vie.

Un routier n'aura pas les mêmes rythmes de sommeil et de vie qu'un gynécologue-accoucheur, une hôtesse de l'air qu'une mère de famille nombreuse, et un jeune célibataire au chômage qu'un boulanger. À chacun de juger de la façon dont il vit et de savoir comment rendre harmonieux son style de vie, sans en subir de dommages physiques. Avec un peu de recul et de lucidité, il n'est pas difficile de faire un bilan et de comprendre comment mieux dormir.

Si vous exercez un métier où les décalages horaires sont fréquents c'est à vous de trouver le rythme qui vous convient : des siestes imposées chaque jour de décalage par exemple, pour retrouver rapidement une harmonie quotidienne. (Voir *Les siestes*, page 136.)

Les changements de situation

Les troubles du sommeil dus à une mauvaise adaptation de celui-ci aux besoins physiologiques surviennent souvent à la suite d'un changement de situation.

• Pour beaucoup, celui-ci est social.
Prenons l'exemple du chômeur qui a passé plus d'un an chez lui sans travailler, n'ayant ni horaires ni contraintes et qui, du jour au lendemain, doit se lever à 6 h 30 tous les matins pour aller travailler. Il ressentira des troubles divers (dont des troubles du sommeil) qu'il mettra sans doute sur le compte de son nouvel emploi. Outre la difficulté de reprendre une activité et la fatigue occasionnée par celle-ci, il n'est pas rare de subir un contrecoup à cause d'un mauvais sommeil. Il faut admettre que l'on n'a plus les mêmes besoins. Tout changement de situation brutale de ce type

doit contraindre le sujet à s'adapter et à retrouver des rythmes du sommeil appropriés à sa nouvelle vie.

• **Les déménagements** sont également déstabilisants surtout si l'on change de climat pour vivre dans une autre région ou un autre pays.

Ce n'est pas tant votre déménagement qui vous épuise, mais votre difficulté à adapter vos besoins physiques à ce nouvel environnement.

Le sommeil est très malléable, à condition de savoir le rendre positif. Les navigateurs illustrent bien cette idée. Ils apprennent à dormir par tranches, de quelques minutes à une ou deux heures. Ce sont des gens entraînés, en pleine forme physique qui connaissent leurs besoins et leurs limites même si les traversées en solitaire les poussent parfois à aller au-delà de ces limites.

Prendre quelques bonnes habitudes

Pour retrouver un bon sommeil, dans bien des cas, il suffit seulement de prendre quelques bonnes habitudes en matière d'alimentation, de détente et d'occupations.

■ L'alimentation

Le sommeil se prépare tout au long de la journée grâce à une alimentation équilibrée.

On n'y pense pas toujours mais **l'alimentation joue un rôle déterminant sur le sommeil** et le conditionne chez tous les êtres humains, du bébé à la personne âgée.

Les insomniaques ont souvent une alimentation déséquilibrée et inadaptée à leurs besoins. Même si vos troubles ne sont pas réguliers, suivre les quelques principes qui suivent vous sera bénéfique à plus ou moins long terme car ces règles de vie constituent une médecine préventive contre bon nombre de maux. À vous de trouver le régime qui vous convient en fonction de vos problèmes, de vos habitudes, de votre mode de vie et de vos besoins, en vous inspirant de ces principes.

Le sommeil et la digestion

Un dîner trop riche, trop gras, trop « arrosé », trop copieux ou très épicé nuit au sommeil car la digestion, alors plus délicate, entraîne des difficultés d'endormissement, des réveils nocturnes ou un sommeil agité. De plus, les troubles occasionnés par la digestion seront accompagnés de cauchemars si le sujet se couche aussitôt son repas achevé.

Une maxime bien connue nous dit **« Qui dort, dîne »**. Mieux vaut toutefois éviter de suivre ce proverbe car, en aucun cas, le sommeil ne peut tenir lieu de dîner et celui-ci est indispensable au bon équilibre de tout individu. À condition de prendre un repas léger, mais pas trop non plus car votre estomac risquerait de crier famine en pleine nuit s'il n'a pas été satisfait. C'est donc à vous de trouver le juste milieu.

Plus vous dînez tôt, mieux vous digérez.
Essayez d'adapter votre rythme en vous inspirant de la tradition anglaise :
• un petit déjeuner copieux
• un déjeuner classique
• une collation à 16 heures
• un dîner vers 19 h 30
• une tisane accompagnée d'un fruit vers 21 h 30.
Vous vous sentirez mieux et plus léger pour affronter la nuit.
En règle générale, il est recommandé d'attendre un minimum de deux heures après avoir dîné pour se coucher, les toutpetits échappant bien entendu à ce principe. Dès qu'ils ont fait leur rot, ils peuvent retrouver la position horizontale sans danger.

Les grands principes

• **Il faut bannir de votre alimentation tous les excitants** comme le café, le thé, l'alcool, le tabac, la vitamine C, dès le début de l'après-midi.
Et si vous souffrez d'insomnies chroniques, il faut éliminer tous ces composants de votre nourriture, même le petit café noir du matin. Une fois le sommeil retrouvé, vous penserez à réintroduire peu à peu ces substances en petites quantités dans votre alimentation.

• **Le repas est un moment de plaisir.** Il est indispensable qu'il se déroule dans une atmosphère détendue : les débats houleux et les contrariétés suscités lors d'un dîner familial peuvent perturber la digestion et par extension le sommeil du sujet.

• **Tout repas doit être avalé calmement**, lentement en prenant soin de mâcher correctement les aliments. Ménagez-vous le temps de prendre un repas tranquillement et toujours en position assise.

• **Il faut aussi penser à boire** : à chaque repas mais aussi au cours de la journée, c'est une condition essentielle à un bon équilibre. Vous devez boire un minimum de **1,5 litre d'eau par jour** (eau, tisanes…) et préférer toujours l'eau plate à l'eau gazeuse. Buvez surtout le matin et en milieu de journée, mais le soir limitez votre consommation de boissons afin de n'avoir pas à vous lever en pleine nuit pour soulager un besoin urgent.

Les repas : petit déjeuner de roi ; déjeuner de prince ; dîner de pauvre.

• **Le matin**
Le Français a une mauvaise habitude : nous ne sommes pas habitués dès l'enfance à prendre un petit déjeuner équilibré et c'est une erreur.
Tous les mauvais dormeurs devraient commencer leur journée par un bon repas. Un petit déjeuner normal devrait couvrir près de 25 % des besoins énergétiques quotidiens d'une personne, c'est

dire son importance ! Levez-vous un quart d'heure plus tôt et savourez cet instant. **De quoi se compose-t-il ?**
– d'une boisson chaude (thé, café, décaféiné ou chocolat)
– de céréales
– de tartines de pain complet légèrement beurrées (et avec un peu de miel)
– de jus de fruit ou de fruits frais (ou secs)
– de laitages (yaourt, lait ou fromage)
– d'un œuf ou d'une tranche de jambon.
Il est essentiel que les enfants prennent cette habitude dès le plus jeune âge et surtout lorsqu'ils sont scolarisés.

• **Au cours de la journée**
Si l'adulte n'a pas besoin de manger dans la journée, **l'enfant en revanche a parfois faim en milieu de matinée et toujours au goûter.**

VOTRE RÉGIME (à adapter selon le degré de vos troubles de sommeil)

Supprimer
- Viande rouge
- Légumes secs
- Fromages gras
- Gibier
- Porc
- Sucre (sous toutes ses formes)
- Sel
- Condiments
- Épices
- Alcool
- Caféine, théine

Diminuer
- Lait
- Œufs
- Crustacés
- Agneau
- Veau
- Volaille
- Chocolat
- Fromages maigres
- Huile

Privilégier
- Pain blanc
- Œuf dur
- Crudités (carotte, concombre...)
- Pâtes
- Fruits crus mûrs (sans la peau)
- Pommes de terre
- Farines
- Salade verte crue
- Poisson frais
- Légumes
- Légumes verts à la vapeur

Inutile de vous dire que les chocolats, gâteaux et autres sucreries sont à éviter au profit des yaourts, fruits (frais et secs) ou céréales.

Quant à l'adulte affamé, il ne doit en aucun cas grignoter tout au long de la journée mais s'il a faim, s'accorder une petite collation du même ordre que celle de l'enfant (yaourt, fruit, céréales).

• Le déjeuner

Le déjeuner sera complet, en évitant si cela est possible d'avaler un sandwich ou une quiche en courant dans la rue. Encore une fois, il faut prendre le temps de s'asseoir, même pour dix minutes, et de mâcher lentement, une entrée, un plat, un fromage et un dessert. Vous n'aurez plus faim, et le dîner léger sera largement suffisant pour subvenir à vos besoins. Limitez votre consommation de vin et de pain, vous éviterez ainsi un peu la somnolence fréquente en début d'après-midi.

LES REPAS TYPES DU BON DORMEUR

Déjeuner 1	Déjeuner 2	Déjeuner 3	Déjeuner 4
• Assiette de crudités • Poisson grillé au citron • Riz sauvage • Camembert • Sorbet	• Avocat vinaigrette • Paupiettes de dinde • Riz aux champignons • Gouda ou tomme • Crème caramel	• Artichaut vinaigrette • Filet de poisson poché • Petits légumes vapeur • Fromage blanc • Compote de pommes	• Soufflé au fromage • Poulet froid • Salade de haricots verts, tomate, maïs • Tarte aux fraises

Dîner 1	Dîner 2	Dîner 3	Dîner 4
• Soupe de légumes • Sauté de veau • Haricots verts • Yaourt aux fruits	• Poulet rôti • Tagliatelles • Salade verte • Fruit	• Crottin de chèvre chaud • Salade verte • Riz sauté aux légumes • Flan	• Poivron farci au riz et petits légumes • Fromage blanc • Salade de fruits

• **Le soir**

Le dîner doit être plus léger que le déjeuner afin de faciliter votre digestion.

Fuyez les viandes rouges, le sucre sous toutes ses formes, le sel, les épices, les condiments, les plats en sauce ou les fritures. D'évidence tous les excitants (vitamine C, café, thé, alcool, tabac) sont à bannir. Dînez le plus tôt possible et faites-en un moment de détente et de plaisir.

■ La tisane du soir

• Les plantes utilisées comme remède

Pour soulager les troubles du sommeil, quelques plantes s'avèrent efficaces chez certaines personnes.

Pourtant il convient d'être prudent et de n'en abuser en aucun cas car **« plante » ne veut pas dire inoffensif** : n'oubliez pas que la plupart des médicaments de la médecine classique utilisent dans leur composition les propriétés de certaines plantes, destinées à soigner un trouble spécifique. La phytothérapie n'est donc pas une médecine douce.

En revanche leur grand avantage est de n'engendrer aucune dépendance et seule une utilisation prolongée peut en diminuer les effets escomptés. Si de nombreux médecins prescrivent des traitements en phytothérapie, il ne faut pas faire de confusion car les naturopathes et certains prétendus guérisseurs utilisent des plantes alors qu'ils n'ont aucune formation médicale.

AUTRES TEMPS, AUTRES MŒURS
• Trois mille ans avant Jésus-Christ, les Chinois se soignaient par les plantes. • Jusqu'au début des années 40, les facultés de pharmacie délivraient un diplôme d'herboriste. • Aujourd'hui, tisanes, baumes, sirops, poudres, huiles et feuilles remplissent les étalages des pharmaciens et la phytothérapie s'est peu à peu transformée en art de vivre.

• Les tisanes de nos grand-mères

Elles n'ont, pour les médecins spécialisés, aucune efficacité réelle sur les insomnies, parce que leurs qualités hypnotiques n'ont pas été démontrées de manière scientifique.

Cependant, d'après une étude américaine de 1989[1], des substances comme la valériane apporteraient une amélioration notable sur le sommeil chez 89 % des sujets testés.

Ses fonctions aident en effet le corps à se détendre et facilitent la digestion. Si les médecins n'osent pas se prononcer sur de telles méthodes thérapeutiques, de nombreuses personnes ont recours à ces petits effets. Une chose est sûre : tous les spécialistes sont d'accord pour dire que seuls les résultats comptent et que l'avantage de la phytothérapie est son innocuité sur les rythmes de sommeil et la non-dépendance.

Toutefois si vos symptômes persistent ou si la consommation de certaines plantes entraîne des effets secondaires inattendus, arrêtez ce traitement et consultez votre médecin.

Vous trouverez ces plantes chez votre pharmacien, chez un herboriste ou dans un magasin vendant des produits dits naturels, présentés sous forme de feuilles, de tiges ou de fleurs séchées, de sachets mélangés prêts à l'emploi, de poudre ou de gélules.

EXEMPLES DE PLANTES SUSCEPTIBLES DE DÉCLENCHER UN EFFET SÉDATIF, ANTISPASMODIQUE OU HYPNOTIQUE :	
• la valériane	• le tilleul
• la marjolaine	• le coquelicot
• le millepertuis	• le houblon (non recommandé chez les personnes dépressives)
• le mélilot	
• la verveine	• la passiflore
• le saule blanc	• l'oranger bigaradier
• l'aubépine	• les graines d'anis, d'aneth ou de fenouil.
• le basilic	

1. Étude de Lindahl O. et Lindwall L.

Lorsque vous achetez vos plantes veillez à ce qu'elles portent la mention « non traité par pesticides ou insecticides ». À vous de choisir la forme qui vous convient le mieux pour l'utiliser soit dans votre bain soit en tisane.

Tant que votre automédication dans ce domaine se limite à une tisane de temps à autre, il n'y a aucun danger. Si vous en consommez régulièrement, parlez-en à votre médecin traitant.

Les médecins prescriront plus volontiers les substances adéquates sous forme d'huiles essentielles, de teinture mère (la plante macère pendant plusieurs semaines dans un solvant) ou d'ampoules.

• IDÉES D'INFUSIONS

- valériane (3 pincées de plante entière par tasse)
- menthe (2 pincées de feuilles par tasse)
- verveine (1 pincée de feuilles par tasse)
- camomille (2 têtes de fleurs par tasse)
- aubépine (2 pincées de fleurs par tasse)
- bigaradier (1 pincée de fleurs par tasse)
- houblon (1 cône par tasse)
- églantier (4 pincées de fleurs par tasse)
- oranger (3 pincées de fleurs par tasse)
- tilleul (1 pincée de fleurs par tasse)
- sauge (2 pincées par tasse)

LES BONS CONSEILS DE GRAND-MÈRE

De génération en génération, nos grand-mères nous ont livré leurs petites recettes. Inoffensives, elles sont souvent efficaces pour celui qui y croit. Pour soulager les insomnies, on n'hésitait pas à conseiller de :

- manger du pissenlit le soir après le dîner
- boire 1 cuillerée à café du suc frais d'une laitue le soir
- se frotter le thorax à l'huile essentielle de lavande en sortant du bain, le soir avant de se coucher
- se faire un bain de mains et de pieds pendant quelques minutes avec la préparation suivante (donnée pour un litre d'eau) : 2 pincées de fleurs d'aubépine, 2 pincées de fleurs de coquelicot, 1 pincée de feuilles de menthe, 1 pincée de fleurs de tilleul, 1 pincée de fleurs de bouton d'or
- manger du pollen, de la salade de basilic, et des flocons d'avoine
- terminer le dîner par une cuillerée à soupe de miel mélangée à une cuillerée à soupe de vinaigre de cidre

De la bonne utilisation des plantes

• Pour que leur efficacité soit réelle, **il faut utiliser ces plantes sous forme de tisanes ou de bain dans une durée limitée de temps**. Lorsque vous aurez retrouvé votre sommeil, arrêtez progressivement le traitement, en diminuant peu à peu les doses journalières pour éliminer, en quelques jours, les tisanes de votre alimentation. Toutefois, si vous sentez qu'une période de mauvais sommeil s'annonce, les tisanes et les bains peuvent aussi vous aider à prévenir les insomnies.

• **Préparez les tisanes au jour le jour**, afin de garder toutes les propriétés des plantes.

• **Utilisez de l'eau aussi pure que possible** et faiblement minéralisée pour que les plantes conservent leurs bienfaits.

• Si les plantes sont broyées en feuilles fines ou que vous faites infuser les fleurs, l'eau ne doit pas chauffer à plus de 90 °C.

• Si les feuilles sont entières, coupées en gros morceaux ou sous forme de tiges, laissez l'eau monter à ébullition. Éteindre dès l'apparition des premiers bouillons.

• **Laisser infuser entre 5 et 10 minutes.**

• **Sucrez les tisanes au miel**, cela renforce la saveur et les effets des plantes.

• **Ne donnez pas n'importe quelle tisane à boire à vos enfants** : demandez conseil à votre pharmacien ou à votre médecin. Il est souvent conseillé de les leur donner sous forme de bains plutôt qu'en tisane.

LA TISANE DU BON DORMEUR

• 10 g de passiflore
• 20 g d'aubépine
• 10 g de mélilot
• 10 g de lotus
• 20 g de valériane
• 10 g de tilleul
• 10 g d'oranger
• 10 g de verveine

Mélangez toutes ces plantes et comptez une cuillerée à soupe de cette préparation par quart de litre d'eau froide. Amenez le tout à ébullition. Dès l'apparition des premiers bouillons, retirez du feu et laissez infuser une dizaine de minutes. Sucrée au miel, cette tisane doit être bue bien chaude quelques minutes avant de se mettre au lit.

■ Le sport

Quelle influence le sport peut-il avoir sur le sommeil ?

Pour lutter contre le stress et pour se défouler, le sport est un moyen idéal. Il vous libère des pressions que vous recevez tout au long de la journée, et vous abordez votre nuit plus calme et plus détendu. À condition, bien sûr, de choisir un sport qui soit un plaisir et non une contrainte. Si aller à la piscine ou suivre un cours de gymnastique vous pose problème ou vous fait courir pour arriver à l'heure, ce n'est pas la peine de vous inscrire.

Comment trouver le sport idéal ?

Se choisir une activité, c'est se ménager un temps de relâche, de plaisir, de détente. Et sport ne veut pas toujours dire entraînement intensif, vie d'équipe, régime alimentaire, contraintes.

• Commencez par dresser la liste des sports que vous éliminez d'office.
• Puis envisagez d'abord le cadre du sport ou de l'activité vers laquelle vous allez vous tourner : en extérieur ou en salle, sport d'équipe ou individuel.
• Puis en fonction de votre lieu d'habitation. Trouvez le moyen de ne pas avoir à faire 60 km pour pouvoir vous entraîner !
• Si vous n'arrivez pas à vous décider, commencez par la marche à pied, même en ville. Cela deviendra vite une habitude de marcher plutôt que de prendre la voiture ou le métro.
• Lorsque votre corps aura retrouvé l'envie de bouger, de se dépenser, vous pourrez alors envisager une activité plus intense : course à pied, vélo, randonnées, yoga, canoë kayak, golf, voile, etc.
• Lorsque cela est possible, le sport doit être pratiqué de façon régulière, surtout chez les personnes âgées. Si vous n'avez aucune activité sportive et que pendant les quatre semaines de vos vacances estivales vous vous acharnez à suivre un rythme sportif endiablé, votre corps sera stressé et mis à rude épreuve. Il faut de la régularité dans l'entraînement physique.

Le sport est-il pour tous les âges ?

Une personne âgée, comme un enfant, doit exercer une activité physique ; et même la marche est un moyen de se défouler.
Les premiers préféreront peut être la cueillette des fraises des bois en forêt tandis que l'enfant se passionnera pour le basket. À chacun ses plaisirs mais l'enfant et encore plus l'adolescent ont un besoin physique de se libérer, et avoir une activité physique au moins une fois par semaine est un rythme normal pour un jeune. **Les personnes âgées ont pour elles un avantage énorme : le temps.** Le temps de se promener à loisir, de marcher, de courir, de faire leurs courses à pied. Si vous n'avez jamais été un grand sportif et que le sport ne vous enchante guère, inutile de vous forcer. Contentez-vous de vous aérer et de marcher.

QUELQUES PRINCIPES POUR LES ADEPTES DE SPORT

- Échauffez-vous toujours quelques minutes avant tout exercice, aussi minime soit-il.
- Portez des chaussures adaptées à votre activité (importance de la semelle dans votre choix).
- N'arrêtez jamais brutalement et évitez les à-coups. Si vous venez de courir vingt minutes par exemple, ralentissez progressivement puis marchez encore plusieurs minutes afin de retrouver votre rythme cardiaque normal.
- Si vous le pouvez, prenez régulièrement votre pouls : avant et après l'effort, de manière à pouvoir contrôler votre activité physique (votre médecin vous expliquera comment le prendre).

■ Se trouver un passe-temps

Quelle influence un passe-temps peut-il avoir sur le sommeil ?

Il est d'une aide précieuse surtout à l'âge de la retraite où les sujets encore alertes et actifs se retrouvent du jour au lendemain en totale inactivité, résignés à attendre qu'une tâche leur tombe sous la main : ils ont une vie sociale restreinte et la solitude s'installe.

Pour y remédier, rien de tel que de se dénicher un passe-temps : qu'il soit sportif, artistique, bénévole, littéraire... peu importe le but, pourvu qu'il donne une occupation et un rôle social à l'individu. Celui-ci est alors réuni avec d'autres par des passions communes au sein de clubs, d'associations, de lectures, etc.

Et, comme pour le sport, avoir une activité pendant la journée, communiquer avec d'autres, permet d'aborder la nuit plus sereinement et donc de mieux dormir.

Les personnes âgées peuvent se renseigner auprès de clubs du troisième âge.

■ Respirer l'air pur

Quelle influence sur le sommeil ?

Faire de l'exercice en extérieur et dans une atmosphère saine (courir, faire de la bicyclette, ou même marcher) constitue un bien-être indispensable à tout le monde et encore plus lorsqu'on souffre de certains troubles comme l'insomnie.

Si les villes et leurs banlieues se développent, c'est toujours au détriment de notre santé : maux de tête, irritabilité, troubles en tout genre, une mauvaise oxygénation suscite bien des ennuis de santé. De plus en plus polluées, les métropoles accueillent des citadins en surnombre qui ne savent plus ce que respirer le grand air signifie : ils respirent par nécessité, de façon naturelle mais depuis combien de temps n'ont-ils pas rempli leurs poumons d'un air pur ?

S'oxygéner fait partie des recommandations données en terme de prévention médicale.

Tout citadin devrait quitter la ville plusieurs fois par an pour aller s'oxygéner. Faire quelques kilomètres en direction de la campagne pour y respirer l'air frais ou, encore mieux, partir vers les sommets de nos montagnes y prendre un bol d'oxygène avant de retrouver le gaz des pots d'échappement.

■ Le rire

« Le rire, c'est la santé ».
Si aucune étude n'a jamais démontré que le rire avait soulagé certaines maladies, c'est en revanche un formidable moyen de communiquer. Libérateur de toutes les tensions internes, nerveuses et morales, le rire désintoxique le sujet de ses tensions nerveuses et morales.

Qui n'a jamais bien dormi après une soirée joyeuse? Cet état psychologique de gaieté, de bonne humeur facilite le passage du stade de veille à celui du sommeil.

Nous sommes bien en face d'un facteur majeur de désintoxication morale. Par ce biais, le rire contribue à être le point de départ d'une thérapie en vue de soulager les dysfonctionnements liés aux troubles nerveux, dépressifs, et les causes d'ordre psychosomatique.

C'est un remède contre l'anxiété, le stress, le pessimisme, l'inquiétude, la dépression. Ce mécanisme réflexe joue un rôle à deux niveaux principaux : musculaire et respiratoire. Il relaxe, détend et apaise. **Certains vont même jusqu'à prétendre qu'une seule minute de rire équivaut à 45 minutes de relaxation physique complète.**

AUTRES TEMPS, AUTRES MŒURS

Au début du siècle, on riait près de 20 minutes par jour ; aujourd'hui, nous consacrons 6 petites minutes aux éclats de rire dans une journée. Ce qui reflètent bien l'état d'esprit dans lequel nous nous trouvons : morosité, dépression, et angoisse.

On devrait rire au moins 15 minutes par jour. Que chacun fasse un petit bilan du nombre d'éclats de rire véritables (très différents des sourires) qu'il a chaque jour, on verrait qu'on est loin du compte !

Pour retrouver le goût du rire, plusieurs solutions s'offrent à vous : aller au théâtre ou à un spectacle comique, au cinéma voir une comédie, écouter des sketches qui vous feront hurler de rire ou rester à une terrasse de café (ou dans le métro) et écouter discrètement les conversations autour de vous.

D'autres préconisent de se forcer à rire devant une glace. Cela peut vous sembler totalement ridicule au début mais jour après jour, vous rirez de bon cœur sans même vous forcer.

Autre moyen : se chatouiller l'intérieur du nez avec une plume. Vous ne pourrez résister à ces chatouillements et l'effet relaxant est garanti. Tous les autres petits « guili-guili » sont les bienvenus dans la mesure où ils sont supportables mais il n'est pas toujours simple de trouver quelqu'un qui accepte de vous chatouiller.

Et même si cela ne guérit pas complètement vos troubles du sommeil, c'est un bon début pour apprendre à se détendre et c'est une thérapie sans risques et pour le moins bon marché !

Adapter son environnement et ses conditions de sommeil

Un bon environnement pour un meilleur sommeil

Nous le savons, l'environnement du dormeur conditionne son sommeil. Il est donc essentiel d'être attentif à son cadre de vie car ce sont parfois de simples petites choses qui nous perturbent chaque jour sans que l'on s'en doute. Tous les êtres humains ont besoin, pour passer une nuit agréable, d'avoir un cadre et des repères précis, des limites sûres ainsi qu'une odeur familière. Ceci est d'autant plus vrai pour un enfant. Dans ces conditions, on se sent en sécurité (de manière inconsciente) et le corps est prêt pour trouver un bon sommeil. Et si l'un de ces critères fait défaut, on éprouvera plus de difficultés à s'endormir.

Réunissez-vous les conditions optimales pour bien dormir ?

Le bruit, la température, l'orientation du lit, la couleur des murs, la décoration, le matelas, l'oreiller sont autant de paramètres qu'il faut prendre en considération pour avoir toutes les chances de bien dormir.

Votre organisme est habitué à se trouver chaque nuit dans un contexte défini. **À chacun de créer l'environnement qui lui est le mieux approprié et dans lequel il se sent bien.**

Un changement de cadre peut amener une insomnie. Pour éviter de telles mésaventures, il faut toujours essayer de recréer l'ambiance de nuit qui vous convient. Lorsque vous partez en vacances par exemple, pourquoi ne pas emmener votre oreiller, un drap ou votre réveil, s'ils vous sont indispensables. À l'hôtel par exemple, si vous avez le choix entre deux chambres, choisissez celle dont la décoration se rapproche le plus de votre cadre habituel.

■ La chambre

• La décoration de la chambre

Les couleurs dominantes sont essentielles, encore plus pour la chambre de l'enfant que pour celle de l'adulte. En règle générale évitez le noir, le violet et les couleurs trop criardes comme le rouge, l'orange ou le jaune citron qui excitent. Préférez le bleu, le blanc cassé ou le vert pâle. Les motifs extravagants sont aussi à proscrire. Vous avez besoin de douceur (surtout pour les petits) et pour minimiser tout risque de cauchemars, vous devez vous sentir rassuré, protégé, calme et en sécurité dans votre belle chambre : un vrai nid douillet.

• La taille de la chambre

La superficie et la hauteur de plafond d'une chambre ont toute leur importance, notamment pour les enfants : un enfant dans une chambre de 50 m² avec 4 mètres de hauteur de plafond peut se sentir bien petit et abandonné au même titre qu'un adulte enfermé dans un « placard à balai » peut ressentir un sentiment de claustrophobie. Pensez-y surtout si vous projetez des travaux de réaménagement ou de construction de maison.

• La température dans la chambre

Elle est primordiale pour le bien-être de chacun : n'avoir ni trop chaud ni trop froid, cela n'est pas toujours évident. **En règle générale, il convient de dormir dans une pièce dont la température est inférieure de 2 ou 3 °C à celle dans laquelle nous vivons dans la journée** (à l'exception des personnes âgées qui doivent dormir à une température identique).

Surchauffer une pièce n'est jamais bon pour la santé, même pour un bébé. **La température idéale d'une chambre à coucher est de 19 °C.** Mieux vaut chauffer la pièce à 18 °C et dormir sous une couette bien chaude que d'être couvert par un léger drap dans une chambre chauffée à 23 °C.

Évitez tout chauffage électrique qui assèche l'atmosphère et donne souvent au dormeur une impression désagréable en lui desséchant la bouche et le nez. Si votre domicile est équipé de telles installations, utilisez des humidificateurs d'air ou à défaut, posez un verre d'eau à proximité du radiateur. Cette recommandation est indispensable pour les chambres des nourrissons et des enfants. Enfin évitez d'avoir la tête près des sources de chaleur : mettez-les au pied de votre lit.

Dans la mesure du possible, il faut éviter de dormir au milieu de fleurs et de plantes, car elles dégagent de l'oxygène.

Les chaleurs estivales nous poussent parfois à laisser les fenêtres grandes ouvertes durant la nuit mais cette habitude fait courir le risque de subir de grands écarts de température, ainsi qu'une augmentation du bruit venant de l'extérieur. Mieux vaut garder la pièce au frais toute la journée, volets et persiennes fermés.

En revanche il est indispensable d'aérer les chambres. Même en hiver, il faut aérer une dizaine de minutes le matin et ouvrir les fenêtres une minute le soir avant de se coucher. Si plusieurs personnes partagent une petite chambre, il est conseillé de laisser la porte entrouverte pour que l'air circule toute la nuit.

Autre habitude qu'il convient de respecter (pour les enfants, c'est indispensable) : **ne jamais fumer dans une chambre**. Si vous ne pouvez faire autrement (dans le cas d'un studio par exemple où vous recevez des amis fumeurs), allumez une bougie et laissez-la se consumer tant que l'on fume et au moins dix minutes après que la dernière cigarette a été écrasée. Enfin, aérez la pièce pendant au moins un quart d'heure avant de vous coucher.

• La lumière dans la chambre

Il est préférable de passer la nuit dans la plus totale obscurité même si certains adultes ne peuvent bien dormir que s'ils sont réveillés par la lumière du jour. Pour cela, les volets seront fermés et si ce n'est pas suffisant, des doubles rideaux viendront s'y ajouter car n'oubliez pas qu'en ville aujourd'hui, avec les réverbères, il n'y a jamais de « nuit noire ».
Si vous ne parvenez pas à dormir dans le noir complet, branchez une veilleuse, de préférence de couleur bleue.
Si vous avez peur de l'obscurité, vous devez réapprendre à vivre dans le noir. Cela doit se faire en douceur : à l'aide d'un variateur de lumière (vendus avec les lampes halogènes), vous diminuerez jour après jour l'intensité de lumière qui vous est nécessaire pour trouver le sommeil. La veilleuse servira alors de transition pour, quelques semaines plus tard, dormir dans le noir absolu. À défaut de veilleuse, si vous êtes en plein hiver vous pouvez fermez progressivement les volets.
Quant aux enfants, il vaut mieux les habituer à s'endormir dans le noir absolu et ne pas laisser la porte entrouverte avec la lumière du couloir allumée. Cette solution doit rester une exception, en cas de maladie par exemple.

■ Le lit

• L'orientation du lit

Si pour les bons dormeurs la position du lit ne change en rien la qualité de leurs nuits, elle peut en revanche aider les insomniaques dans leur quête d'un meilleur sommeil. Ne riez pas, ce détail est sans doute un des plus importants dans la vie du bon dormeur. **Il faut toujours orienter son lit, la tête en direction du nord, à défaut vers l'est.** La pression artérielle est en effet au minimum dans cette position et l'on trouve un meilleur sommeil. Une simple boussole vous permettra de vérifier la bonne orientation de votre lit et de celui des membres de votre famille.

• Le choix du lit

Choisir un bon lit, ni trop mou, ni trop dur est souvent plus compliqué qu'il n'y parait. À vous d'essayer et de trouver celui qui vous convient le mieux. N'hésitez pas à vous offrir un nouveau sommier si vous avez toujours le vieux lit grinçant de votre grand-mère. Non seulement vous dormirez mal mais en plus, vous risquez de vous déformer le dos, étant donné le nombre d'heures passées en position allongée. **Un lit doit être changé en moyenne tous les dix ou quinze ans.**
Choisissez un matelas à ressort (les plus répandus) ou en mousse (latex) avec des alvéoles remplies d'air, et fuyez les matelas de laine (ceux de nos grand-mères) qui se déforment bien trop vite.

• Les oreillers

Si vous avez une petite tendance allergique, délaissez la plume pour les matières synthétiques. Débarrassez-vous des oreillers et autres traversins trop épais, vous vous abîmerez les vertèbres cervicales. Choisissez un oreiller fin (mais pas trop) et dur. Une fois allongé, vous devez avoir la tête dans l'alignement de votre colonne vertébrale, comme lorsque vous vous trouvez debout. Pensez aussi à secouer vos oreillers régulièrement pour qu'ils retrouvent leur forme initiale.
Pour les nourrissons, optez pour un matelas plutôt dur, un lit à barreaux ou un berceau à sa taille et bannissez absolument tous les oreillers.

• Les draps

Ils jouent un rôle important puisque vous êtes en contact direct avec eux. C'est pourquoi veillez à ce qu'ils ne soient ni rêches, ni humides et qu'ils ne provoquent pas d'allergies, de picotements, de transpiration ou de démangeaisons. Les classiques draps en coton ou en éponge sont les mieux supportés.

Que vous choisissiez la formule de la couette ou le classique duo draps couverture, l'essentiel est de se sentir bien dans son lit. Un enfant qui a l'habitude de dormir sur un drap en éponge et sous une confortable couette bien chaude, et qui se retrouve le temps d'un week-end à dormir sous des draps humides et fins avec une couverture en pure laine qui lui gratte le bout du nez, passera sans doute une nuit épouvantable.

■ Le dormeur

À vous de savoir dans quelle tenue vous êtes le plus à l'aise : pyjama, liquette et bonnet de nuit, caleçon ou tenue d'Adam ou Ève, à vous de choisir.

Quant aux bébés, pensez à leurs éventuelles fuites nocturnes : trouvez des couches efficaces car rien ne doit être plus désagréable que d'avoir les fesses humides une bonne partie de la nuit !

Faites-les dormir dans une gigoteuse (sac de couchage à bretelles) : ils ne risqueront pas de s'étouffer avec des draps, des couvertures, des oreillers et même sous une couette (à ne pas utiliser avant 2 ans).

■ Le voisinage

Que ce soit la personne qui partage votre lit ou votre chambre, ou bien le voisinage plus lointain comme vos voisins d'immeubles ou le bruit de la rue, ce sont autant d'éléments susceptibles de troubler votre tranquillité nocturne.

• **Pour fuir les bruits extérieurs**, commencez par revoir l'isolation phonique de votre habitation : quelques éléments ajoutés à vos murs ou vos plafonds peuvent parfois considérablement arranger les choses (des lambris par exemple). Si vous le pouvez, faites poser des doubles vitrages, excellents isolateurs à la fois phoniques et thermiques.

• **Si ce sont vos voisins, par leur musique et leurs réceptions incessantes qui vous gênent**, renseignez-vous sur la signification et les limites de la notion de « tapage nocturne » et, si le fait de leur avoir gentiment demandé de baisser la musique n'a pas suffi, faites appliquer la loi.

• **S'il s'agit d'un ronfleur**, vos nuits risquent certainement d'être brisées par le bruit : non seulement les vôtres mais aussi celles du dormeur qui, même s'il ne le dit pas, dort moins bien que lorsqu'il ne ronfle pas.

Vous pouvez toujours essayer les boules Quiès, et faire quelques exercices de concentration pour vous isoler du bruit (voir *Exercices de concentration*, p. 105). À noter que, pour être efficaces, les boules Quiès doivent être enfoncées progressivement dans le conduit auditif. Ainsi, vous n'aurez pas le battement des artères en bruit de fond.

Le rituel du coucher

Préparer sa nuit est un rituel, pour les enfants comme pour les adultes. C'est une succession d'habitudes que l'on exécute de manière plus ou moins consciente, qui rassurent le sujet et conditionnent son endormissement. On se déshabille, on se lave les mains, les dents, on se passe de l'eau sur le visage, on écoute de la musique, on arme le réveille-matin, on prépare ses affaires pour le lendemain, on boit un verre d'eau… Peu importe ces gestes, l'inconscient sait qu'à ce moment précis sonne le temps de dormir. Ces quelques minutes sont essentielles pour le bon dormeur, qu'il soit enfant ou adulte. À chacun de créer l'ambiance dans laquelle il se sent bien et de se mettre dans de bonnes conditions de sommeil.

■ Endormir un enfant

Si un enfant n'a pas de problèmes pour s'endormir, son rituel de coucher doit parfaitement lui convenir. À l'inverse, si un enfant manifeste des troubles liés à son endormissement, ses habitudes sont sans doute désordonnées, inadaptées à ses besoins, à ses horaires ou à ses envies. C'est donc aux parents de l'aider à retrouver ces tendres moments de calme, de tranquillité et de sécurité. Et n'oubliez pas que les enfants sont des individus avec leur caractère et leurs besoins propres.

Voici quelques bonnes idées ou habitudes à prendre avec les enfants. Si votre enfant s'endort seul et n'éprouve aucunes difficultés à trouver le sommeil, inutile de suivre ces conseils. En revanche, s'il s'endort toujours avec une aide extérieure, s'énerve dans son lit ou refuse de dormir, c'est à vous d'essayer divers stratagèmes et de voir ce qui est le plus efficace. Procédez toujours en douceur, sans vous énerver, même si vous ne supportez plus d'entendre ses pleurs incessants.

Pour qu'un tout-petit trouve le sommeil vous pouvez essayer :

• de lui chanter des chansons, les classiques berceuses ou le fruit de votre imagination ;
• de lui faire entendre la musique que vous écoutiez fréquemment lorsque vous étiez enceinte ;
• de lui faire sentir votre présence en lui caressant la joue ou les cheveux et en lui parlant doucement s'il pleure, mais en le laissant dans son lit ;
• de le bercer (attention à ce qu'il ne s'endorme pas systématiquement dans vos bras) ;
• de lui faire un gros câlin avant de l'allonger et continuer à lui caresser les cheveux et le visage en lui fermant les paupières ;
• de ne pas l'empêcher de sucer son pouce ou téter un « doudou » ; au contraire, cet objet transitionnel peut l'aider à trouver son sommeil d'une façon autonome. Lui donner éventuellement

un objet ou un vêtement imprégné de l'odeur de sa maman (foulard, tee-shirt, pull…) ;
• de lui passer un gant de toilette humide sur le visage, cela détend ;
• de lui faire un massage en fin de journée ;
• de lui donner un bain relaxant ;
• de donner les tétées nocturnes dans la pénombre et le plus grand silence pour l'habituer à la nuit ;
• d'allumer une petite veilleuse électrique et de mettre en marche une peluche berceuse qui entonne un air doux ;
• de lui fixer un mobile électrique au-dessus de son lit et de le brancher avant de quitter sa chambre.

Pour un enfant plus grand, vous pouvez aussi :

• bâiller devant lui, cela suscite un bâillement de sa part qui appelle le sommeil ;
• user et abuser du marchand de sable qui va passer ;
• lui raconter des histoires, lui lire des livres ou lui chanter des chansons ;
• le border, les enfants adorent se sentir bien entourés dans leur lit, c'est un sentiment rassurant, de protection ;
• changer son rituel de coucher jusqu'à trouver celui qui convient.

Pour rendormir un enfant en pleine nuit :

• Ne pas le prendre d'emblée dans vos bras. Commencez par lui parler à quelques mètres de son lit. Rassurez-le d'une voix douce. Si cela ne le calme pas, approchez-vous, penchez-vous au-dessus de lui, toujours en parlant. S'il pleure encore, caressez-lui la joue, les cheveux. Enfin si après avoir attendu plusieurs minutes, il

LES BONS CONSEILS DE GRAND-MÈRE

Et si rien de tout cela ne marche, reprenez les anciens usages qui voulaient qu'on frotte la plante des pieds des enfants avec une gousse d'ail et qu'on bourre leurs oreillers de houblon !

n'est pas calmé, prenez-le dans vos bras. Mais cela ne doit pas devenir systématique.

• Pensez à toujours lui donner à boire de l'eau s'il pleure, s'énerve, transpire ou s'il fait chaud.

• S'il est âgé de plus d'un an, lui donner un biberon d'eau très légèrement sucrée, un peu de lait chaud avec du miel ou un petit quelque chose à manger. Mais cela doit rester exceptionnel et ne surtout pas devenir une habitude.

Les erreurs à ne pas commettre :

• Habituer l'enfant à dormir ou s'endormir de manière systématique dans le lit de ses parents ou un endroit autre que son propre lit. Il faut apprendre l'autonomie à son enfant : celui-ci doit s'endormir dans son lit, dans sa chambre, seul et sans aucune présence extérieure. Il ne faut pas caresser sa main ou son dos, bercer son couffin ou lui chanter des chansons jusqu'à ce qu'il s'endorme. Ces quelques gestes seront effectués pour le calmer, le rassurer et le mettre en situation de sommeil. Au bout de quelques minutes, même s'il ne dort pas il faut laisser l'enfant trouver seul son sommeil.

• Laisser l'enfant s'endormir et se rendormir, au moment de ses éveils nocturnes normaux, avec l'aide d'une tierce personne. Il doit parvenir, avec votre aide au début, à trouver seul son sommeil.

• Donner des jus de fruits en fin de journée.

• Chahuter, exprimer une quelconque excitation ou violence avant de le coucher.

• Rester plus de 5 minutes avec bébé pour l'aider à s'endormir ou se rendormir en pleine nuit.

• Associer le lit avec des fessées, des menaces ou des punitions ou lui dire par exemple : « Si tu n'es pas sage, je te mets au lit sans manger » ou encore le gronder parce qu'il ne dort pas encore, une demi-heure après qu'il s'est couché !

• Donner l'habitude au bébé de s'endormir au sein ou en tétant un biberon. Il faut attendre quelques minutes après le dernier biberon pour le coucher afin qu'il dissocie la succion de l'endormissement.

■ S'endormir à l'âge adulte

Voici quelques petits trucs qui ont été efficaces chez un certain nombre. À vous d'essayer et de voir ce qui vous soulage, vous détend et vous conditionne pour débuter une bonne nuit.

• Respectez votre rituel de coucher dans le même ordre, chaque soir avant de vous mettre au lit (éteindre la télévision, fermer la porte à clé, se déshabiller, se laver les dents…) ;
• Rincez-vous le visage et les mains à l'eau tiède ;
• Écoutez une musique que vous aimez, un air calme et qui ne ravive pas de mauvais souvenirs ;
• Embrassez vos proches ;
• Prenez un bain (voir *Les vertus de l'eau*, p. 82) ;
• Prenez un bain de pieds froid pendant 5 minutes avant de vous mettre au lit, ou variante : le bain de siège froid pendant trente secondes ;
• Buvez un verre de lait froid ou chaud ;
• Buvez un verre de lait chaud au miel ;
• Concoctez-vous une tisane ;
• Mangez une pomme (les Anglais ne jurent que par elle pour bien dormir) ;
• Faites-vous faire un massage ;
• Mettez-vous au lit et lisez un livre que vous n'aimez pas particulièrement. Mais si vous n'arrivez vraiment pas à dormir, reprenez un roman qui vous tient en haleine, au moins vous ne vous ennuierez pas en attendant que vienne le sommeil ;
• Trouvez un sujet de méditation et de réflexion qui vous inspire et auquel vous allez réfléchir en vous endormant. Chaque soir, trouvez-vous de nouveaux thèmes de réflexions ;
• Pour vous rendormir après un éveil nocturne prolongé, essayez le petit en-cas : pomme, yaourt ou fromage, le tout accompagné d'un verre de lait bien chaud au miel et le sommeil reviendra sans doute plus vite ;
• Fermez les yeux et pensez à votre prochain voyage, à une aventure imaginaire, à un film, à un livre, aux vacances, à l'homme ou la femme que vous aimez, la maison de vos rêves, etc.

• Si vous avez un souci obsédant ou des questions que vous vous posez, rallumez la lumière, notez noir sur blanc vos questions et problèmes, et rendormez-vous en vous disant qu'ils attendront sur le papier jusqu'au lendemain matin : on dit souvent que la nuit porte conseil.

Les erreurs à ne pas commettre :

• Faire une demi-heure de musculation avant de se coucher ;

• Ne pas se sentir bien dans son lit. Changez de literie, de draps ou de couette ;

• Avoir trop chaud ou trop froid ;

• Avoir un réveil à portée de vue. (Compter le nombre d'heures qu'il reste à dormir est toujours une épreuve démoralisante pour l'insomniaque qui s'énerve et se dit « je n'ai plus que six heures à dormir »… « plus que cinq heures trente »… « cinq heures »… et à force de se le répéter, s'énerve encore plus et ne s'endort toujours pas !) ;

• Ne pas se sentir en sécurité : retournez voir si votre porte d'entrée est bien fermée, vous dormirez plus profondément.

Les vertus de l'eau

Rien de tel que de prendre un bon bain avant de se coucher. Il détend, délasse et vous permet enfin de penser un peu à autre chose qu'à vos soucis. Se concentrer sur soi, son corps et son bien-être. Nous consacrons trop peu de temps chaque jour à notre corps, cette machine que nous mettons à rude épreuve et à qui nous devons tant. Ce n'est pas parce que vous avez l'habitude de faire votre toilette et de passer sous une douche le matin avant d'aller travailler qu'il faut vous interdire un bain le soir. Celui-ci ne peut être que bénéfique et permettre de plonger dans les bras de Morphée sans difficultés, à condition de savoir le prendre.

COMMENT PRENDRE UN BON BAIN

• **Ne remplissez pas la baignoire d'eau trop chaude** car à ce moment-là, le bain ne remplit plus sa fonction calmante mais au contraire il énerve. À haute température, il est aussi à proscrire pour la circulation sanguine.

• **Plongez dans l'eau quelques sachets d'essences de plantes** aux vertus relaxantes comme le tilleul, la marjolaine, la verveine, la sauge, le thym, l'aubépine, le romarin, le saule ou préférez un mélange d'algues marines. Votre pharmacien pourra par ailleurs vous délivrer des préparations spécifiques (certaines marques commercialisent des mélanges prêts à l'emploi). Pour un bain au tilleul, comptez 5 pincées de fleurs par litre d'eau pour un adulte. Réduisez de moitié pour un enfant.

• **Inutile de rester plus d'un quart d'heure dans la baignoire**, c'est largement suffisant.

• **Couchez-vous une fois sorti du bain.** Si vous enfilez un peignoir, que vous allumez une dernière cigarette en regardant la télévision, votre bain aura perdu tous ses effets calmants et vous replongerez dans une atmosphère de stress et de soucis.

• **Lorsque vous êtes en vacances au soleil**, à l'inverse prenez un bain ou une douche froide avant de vous coucher, pour vous détendre.

L'endormissement

L'endormissement conditionne l'état d'esprit avec lequel nous abordons le sommeil, d'où son importance. Lorsqu'on s'approche du premier cycle de la nuit, nous l'avons vu, quelques signes doivent nous inciter à prendre le chemin du lit et ne pas lutter contre cet appel. Il faut identifier ces messages et tous les comportements qui vont de pair. Ce sont les bâillements, les picotements dans les yeux, une certaine lourdeur au niveau de la tête et des paupières, la vue qui se brouille (avec un léger basculement de la pupille vers le haut) et un engourdissement général du corps.

• **Marie, 27 ans, enceinte de sept mois :**

« Matin et soir, je prends un bain de cinq minutes pendant lesquelles je me lave vigoureusement avec un gant de toilette puis je vide la baignoire et je finis par une douche. En position de jet puissant, je coupe l'eau chaude et je me passe le jet froid, depuis la plante des pieds jusqu'en haut des cuisses. Ce coup de fouet matinal non seulement me réveille et me met de bonne humeur mais il améliore ma circulation sanguine, diminue mes œdèmes aux chevilles et je n'ai plus les jambes lourdes et gonflées dès le matin. Je recommence le soir avant de me coucher et je suis détendue et légère. Depuis, je dors beaucoup mieux. »

• **Marc, 33 ans, conseil en communication :**

« J'ai créé ma société il y a un an et je travaille plus de douze heures par jour. Si je ne prenais pas une douche fraîche de quelques minutes chaque soir en rentrant à la maison en été et un rapide bain en hiver, je ne serais pas capable de passer une soirée tranquillement : c'est pour moi la meilleure façon de fermer la parenthèse professionnelle avant de dîner et de me consacrer à ma femme et à mes filles, l'esprit libre et le corps détendu. Lorsque je n'en ai pas le temps, je suis énervé toute la soirée et j'ai du mal à trouver le sommeil. »

Choisir le bon moment et le meilleur endroit

Il n'y a rien de plus simple lorsque vous connaissez vos rythmes de sommeil. Un peu avant que débute votre cycle, il suffit de vous mettre tranquillement au lit, en respectant votre rituel du coucher, et d'attendre que le merveilleux soporifique que nous prête la nature, agisse.

Pour mettre toutes les chances de son côté il faudrait, une heure au moins avant le début du cycle, préparer son endormissement. Commencer par réduire son activité : baisser la lumière, s'éloigner du bruit, se forcer à bâiller, éviter de s'agiter et se contenter d'activités reposantes tant sur un plan physique qu'intellectuel.

TÉMOIGNAGES

À chacun ses habitudes et ses petits trucs avant de se coucher. Nous en avons réuni quelques-uns qui pourront aussi vous donner des idées :

- Laure : « En disant bonsoir à mon fils tous les soirs, je dois ouvrir les placards de sa chambre et lui montrer qu'il n'y a pas de monstres qui y sont cachés. Cela le rassure et depuis, il ne fait plus de cauchemars et s'endort très vite. »

- Jeanne : « Je me donne cent coups de brosse sur les cheveux chaque soir avant de dormir, j'ai l'impression que ça m'aide à chasser mes idées noires ».

- Sophie : « Je prends un bain de pieds avant de me mettre au lit, je me sens toujours plus propre, détendue et légère avant la nuit ».

- Pascale : « Mon mari et moi habitons un studio avec notre fille de trois mois. Depuis que chaque soir je roule son lit jusque dans la salle de bain, nous nous endormons plus vite et sans tendre l'oreille au moindre petit bruit de succion de sa part ; et la porte de la salle de bain laissée entrouverte me permet de l'entendre seulement quand qu'elle pleure ».

- Olivier : « Si en pleine nuit je me réveille et que je ne retrouve pas le sommeil, je me lève et je m'occupe : j'allume la télévision, je mange un petit en-cas (fromage, yaourt), je lis, j'écris, ou je m'allonge sur le canapé et j'écoute de la musique avec mon baladeur... en attendant que les signes annonciateurs d'un nouveau cycle de sommeil surviennent. Je retrouve d'ailleurs celui-ci beaucoup plus vite que lorsque je passais des heures à m'agiter dans mon lit, ce que j'ai fait pendant des années. Au moins, j'économise mon énergie et mon moral n'en souffre pas. »

- Hervé : « Dès le printemps et jusqu'aux début de l'automne, je sors toujours marcher un petit quart d'heure après le dîner et cela me détend et m'aide à bien m'endormir, d'autant plus lorsqu'il a fait chaud toute la journée ».

BON À SAVOIR

Comment rééduquer un bébé de 5 mois qui s'endort avec son biberon le soir, se réveille plusieurs fois par nuit et ne se rendort qu'en tétant ?

- Dès l'âge de 3 mois, un enfant de poids normal et de taille normale est physiologiquement en mesure de dormir une nuit consécutive sans avoir à téter. Il peut donc dormir sur une période de 7 ou 8 heures minimum. Au cours de ses éveils nocturnes, par ailleurs tout à fait normaux, il arrive à bébé de pleurer parce qu'il ne sait pas se rendormir seul et ne retrouve son sommeil qu'avec la présence rassurante du sein ou de la tétine. Si tel est le cas de votre bébé, vous devez progressivement l'habituer à ne plus boire la nuit et par conséquent à se rendormir seul. Il ne boit pas par véritable soif ou faim mais seulement pour téter, se rassurer et se rendormir.

- Vous devez chaque nuit diminuer de 30 ml les doses de lait ou d'eau que vous lui offrez. Il doit dans un premier temps se déshabituer de cette quantité supplémentaire de lait nocturne dont il n'a, à cet âge, plus besoin. Puis diminuez, au fur et à mesure que vous supprimez le lait, le temps de tétée : si vous lui consacrez 10 minutes pour qu'il boive ses 60 ml de lait, lorsqu'il ne boira plus que 30 ml de lait, ne restez pas plus de 5 minutes à lui donner le biberon. Pour le sein, diminuez simplement le temps de tétée de 3 minutes par jour.

- Lorsque la quantité de lait est nulle et que bébé se réveille, il suffit de lui faire un petit câlin de 2 ou 3 minutes pas plus et de le recoucher. Même s'il pleure un peu, ne pas céder car il se rendormira bientôt. Enfin les nuits suivantes, s'il pleure, ne plus le prendre dans ses bras mais simplement lui caresser le ventre et la joue en lui murmurant deux ou trois mots gentils. La nuit d'après, vous referez les mêmes gestes en ne restant pas plus d'une minute à ses côtés et en ne lui parlant pas. Bébé qui n'a plus cette envie de téter la nuit doit maintenant être capable de se rendormir seul. A vous de savoir combien de temps vous êtes prêt à le laisser pleurer. Augmentez chaque jour de quatre ou cinq minutes le temps que vous vous accordez avant d'aller le voir. Jour après jour, bébé apprendra à se rendormir seul.

II. Rééduquer son corps

Lorsque les insomnies sont d'ordre nerveux (stress, anxiété) ou dues à une grande fatigue, bien souvent la solution se trouve simplement dans la rééducation de son corps. Réapprendre à bien respirer, à se relaxer et à se concentrer permet de retrouver les bases d'un bon sommeil.

Apprendre à bien respirer

Nous avons tous notre propre rythme de respiration. S'il s'agit d'un phénomène naturel, il est essentiel d'accéder à une forme de respiration profonde qui permet à tout instant de retrouver une détente et un calme ponctuels. **Le stress et la nervosité dont souffrent certains insomniaques peuvent être en partie soulagés lorsqu'une personne sait bien respirer.** Elle chasse son expiration saccadée et trouve un rythme plus lent, plus profond. Quelques exercices peuvent venir à bout de nombreuses formes d'insomnies.

La respiration est le moteur qui nous permet de nous rendormir paisiblement après chaque éveil nocturne normal : une personne qui s'éveille et se contracte dès qu'elle reprend conscience au lieu de respirer profondément trouvera plus difficilement le sommeil.

■ Les bienfaits et le rôle d'une bonne respiration sur le sommeil

Nous modifions tous notre respiration naturelle pour nous endormir, mais parfois ce mécanisme ne se fait pas tout seul. Apprendre à bien respirer profondément devient donc indispensable pour celui qui connaît des troubles du sommeil.

C'est à vous de trouver le mode de respiration qui vous est le plus naturel pour vous détendre au cours de la journée et vous endormir le soir venu. Certains pour se détendre respirent par les « poumons » gonflant ainsi la cage thoracique, tandis que d'autres respirent par le « ventre », respiration abdominale.

Les différences proviennent aussi de la manière dont on évacue l'air inspiré : soit par la bouche, soit par le nez. **Peu importe la manière dont vous respirez au début mais veillez à travailler la respiration abdominale** qui active le fonctionnement de l'organisme de façon plus efficace. Les bébés respirent tous de cette façon.

■ Petits conseils pour une respiration facile

• L'inspiration doit toujours se faire par le nez et non par la bouche.

• L'expiration, par la bouche, permet à l'air d'être expulsé des poumons. Celle-ci doit être à chaque exercice la plus complète et la plus lente possible. Vous relâchez ainsi votre corps et éliminez les contractions.

• Vous ne devez bien entendu, rien manger ou mâcher au moment où vous commencez à faire des exercices de respiration.

• Certains respirent mieux en s'allongeant sur le côté droit plutôt qu'à gauche ou sur le dos.

• Tout exercice de relaxation (voir p. 93) doit se faire en respirant profondément (ne jamais bloquer sa respiration pendant un effort).

• Faites toujours quelques exercices de respiration avant de débuter une relaxation.

• Si vous n'arrivez pas à vous relaxer, commencez par apprendre à bien respirer. Lorsque ce mécanisme devient simple pour vous, entreprenez des exercices de relaxation proprement dite.

• Vous pouvez faire des exercices de respiration partout où vous vous trouvez : profitez-en pour vous ressourcez avant et pendant un examen, avant une réunion ou un rendez-vous important, dans votre bain… vous aurez les idées plus claires et le visage détendu.

■ Exercices pour une respiration facile au quotidien

Respiration 1
• Allongez-vous sur le côté droit et gardez les yeux ouverts en fixant un point précis que votre regard ne lâche pas.
• Pendant votre inspiration, faites monter l'air de bas en haut (du ventre vers la poitrine) :
– dilatez l'abdomen
– écartez les côtes
– remplissez les poumons d'air
• Gardez l'air 2 ou 3 secondes dans les poumons.
• Expirez normalement sans effort particulier.
Répétez cette respiration 30 fois. Si vous échouez au milieu de l'exercice, reprenez au début de façon à enchaîner 30 respirations sur le même modèle.

Respiration 2
• L'exercice se fait en position assise, le dos bien droit, calé contre le dossier d'une chaise et la poitrine bombée.
• Fermez les yeux et tâchez de vous relaxer. Cherchez le calme et la sérénité. Ayez des pensées positives.
• Inspirez normalement et retenez votre souffle (sans effort) le plus longtemps possible (un adulte doit maintenir l'air environ 30 à 40 secondes).
• Renouvelez cet exercice régulièrement et tâchez à chaque fois d'augmenter peu à peu la durée pour arriver à 1 minute.

Respiration 3
• L'exercice se fait en position assise le dos droit et le torse en avant.
• Fermez les yeux et relaxez-vous.
• Inspirez calmement et profondément puis contractez le bas-ventre.
• Expirez très lentement, le plus longtemps possible en soufflant par la bouche. Contractez votre bas-ventre pour chasser l'air au fur et à mesure de l'exercice. Cette expiration doit durer entre 40 secondes environ et 1 minute pour les plus entraînés.

Respiration 4

• L'exercice se fait en marchant, les bras le long du corps. Son but est de compter sa respiration et, dans le même temps, d'avancer d'un pas à chaque chiffre.

• L'inspiration se fait amplement de façon très calme en comptant jusqu'à 8. À chaque chiffre, vous avancez d'un pas. Donc en inspirant, comptez de 1 à 8 en faisant 8 pas en avant.

• Maintenez l'air dans les poumons en comptant jusqu'à 4 et en avançant de 4 pas.

• Puis vous expirez en comptant jusqu'à 8 et en avançant encore de 8 pas.

• Avancez enfin de 5 pas en respirant normalement avant de recommencer l'exercice.

Respiration 5

L'exercice se pratique en position allongée. Son but est de détendre l'abdomen, centre de nombreuses tensions.

• Faites de longues respirations abdominales : en inspirant, vous gonflez votre abdomen.

• Lorsque cette respiration devient facile, inspirez, gonflez l'abdomen et retenez votre souffle.

• Faites alors transvaser rapidement l'air de l'abdomen dans vos poumons. Répéter ce va-et-vient deux ou trois fois.

• Expirez normalement et recommencez.

Apprendre à se relaxer

La relaxation est la base essentielle de la quête permanente d'un état et d'une forme de bien-être et de sérénité. Il devrait être imposé de se relaxer au moins une fois par jour, c'est un minimum. Tout le monde devrait l'utiliser à bon escient, en guise de prévention ou pour soulager un stress, une angoisse. Pour être efficace dans la rééducation du sommeil, comme beaucoup de thérapies douces, la relaxation doit venir d'une envie profonde et personnelle du sujet : on ne l'impose pas à quelqu'un qui n'y croit pas ou ne veut pas se plier à ses règles.

Nous vous proposons quelques astuces et exercices simples pour se relaxer dans la vie de tous les jours, mais on peut aussi se faire masser ou pratiquer le yoga. À chacun de choisir en fonction de ses envies et de sa disponibilité.

■ Les bienfaits et le rôle de la relaxation sur le sommeil

La relaxation est un des moyens les plus efficaces pour évacuer le stress accumulé au cours de la journée, de façon plus ou moins consciente. C'est une libération. Nous subissons chaque jour un certains nombre d'agressions (bruits, nervosité, travail, tension, examens, etc.) dont nous devons nous débarrasser. Excellente thérapie, la relaxation aide le corps à retrouver un rôle actif. **Bien des insomniaques se tournent vers la relaxation et obtiennent des résultats positifs.** Cette méthode douce s'adresse aussi bien aux enfants et adolescents qu'aux adultes.

L'idéal serait de se relaxer quelques minutes chaque jour de manière régulière pour être dans de bonnes conditions de sommeil le soir venu. Une relaxation bien menée peut remplacer une sieste, ce qui n'est pas négligeable pour les personnes étant dans l'impossibilité de dormir sur leur lieu de travail.

Le plus important pour commencer est de choisir le bon moment pour trouver le calme, la détente et le repos.

Se relaxer s'apprend et cela exige un minimum de concentration. D'où l'importance du lieu et du moment choisis. Pourtant lorsque vous saurez vous relaxer vous pourrez le faire partout, même

Institut supérieur de rééducation psychomotrice et de relaxation psychosomatique
9, rue Bouquet de Longchamp
75116 Paris
tél. 01 47 04 22 03

devant votre téléviseur ou dans un environnement bruyant. C'est à vous de vous ménager une plage de détente, même de quelques minutes dans votre vie quotidienne.

■ Petites astuces pour se relaxer dans la vie de tous les jours

Si vous avez le temps vous pouvez suivre des cours (quelques-uns suffisent pour partir sur une bonne base). Vous pouvez aussi consulter des ouvrages spécialisés vous enseignant les diverses techniques existantes.

Mais, pour commencer, suivez les quelques règles et exercices que nous vous proposons.

• **Tout d'abord, se relaxer, c'est d'abord apprendre à se parler.** Il faut accepter cette petite voix qui vous guide, vous apprend à maîtriser et comprendre votre corps. La première chose est de se parler et de s'encourager : « Je ferme les yeux sans les serrer, sans efforts. Je respire profondément ».

Répétez-vous cette phrase aussi souvent que nécessaire pour acquérir un état de détente. Trouver les mots justes qui vous guident dans votre recherche de plénitude.

• **La seconde étape consiste à caler votre imaginaire sur votre respiration.** Vous devez sentir votre corps qui se détend de plus en plus au fil de vos respirations, pendant que votre activité cérébrale tourne au ralenti. Lorsque vous ne pensez plus à rien, vous êtes alors en mesure de débuter les exercices de relaxation.

EXEMPLES DE PHRASES D'AUTOSUGGESTION

- je me contrôle, je me détends
- je suis calme, tranquille
- je suis calme, rien ni personne ne peut m'extraire de ce calme
- je contrôle tous les muscles de mon corps

- je ferme les yeux, je détends mon front, mes yeux, mon visage
- je n'écoute plus que ma voix
- je ne pense à rien, je fais abstraction du monde qui m'entoure

---

• **Profitez du moyen de transport** (train, métro, autobus…) qui vous conduit sur votre lieu de travail, pour vous relaxer. Apprenez à chasser votre stress discrètement (c'est aussi une question d'habitude et personne autour de vous ne s'en rendra compte).

• **Avant un entretien ou un moment important pour vous** (examen, conférence, réunion, etc.) relaxez-vous au lieu de vous créer une inquiétude supplémentaire.

• **Entre deux rendez-vous**, évacuez le stress emmagasiné au cours du premier entretien afin de repartir sur de bonnes bases.

• **Même si vous n'en ressentez pas le besoin**, astreignez-vous à quelques exercices de relaxation chaque jour : cela deviendra vite une habitude dont vous ne pourrez plus vous passer.

• **Si vous êtes inactif** (chômage, retraite) la relaxation est utile car vous êtes soumis à une autre forme de stress.

• **Le soir avant de vous endormir**, quelques exercices vous permettront de vous détendre pour la nuit.

• **Quand vous ne passez pas la nuit à votre domicile** (vacances, week-end, déplacements professionnels, etc.) avant même de chercher à vous endormir, faites quelques exercices de relaxation en prévention.

• **Si vous ne trouvez pas le sommeil** ou que vous n'arrivez pas à vous rendormir après un éveil nocturne, ne laissez pas passer trop de temps avant de vous relaxer.

■ Petits exercices de relaxation

Pour vous aider voici quelques exercices que vous pouvez pratiquer le soir avant de vous coucher.

Relaxation 1

• Allongez-vous sur votre lit en position de sommeil.

• Fermez les yeux, décontractez votre visage et particulièrement vos sourcils.

• Relâchez un à un, à chaque expiration, chacun des muscles de votre visage.

Relaxation 2

• Adoptez le plus souvent possible la position de détente du yoga : allongé sur le dos, les pieds tournés à l'extérieur et écartés de 50 cm environ, les paumes des mains tournées vers le ciel, les mains écartées d'une quinzaine de centimètres du buste et les bras tendus.

• Fermez les yeux et respirez calmement.

Relaxation 3

• Choisissez la position dans laquelle vous vous sentez le mieux.

• Contractez fortement le poing, l'avant-bras puis le biceps et maintenez votre bras ainsi tendu pendant 5 secondes avant de relâcher tous vos muscles d'un seul coup.

• Recommencez jusqu'à obtenir une détente musculaire complète en procédant par ordre : bras droit puis gauche, et faites de même avec les jambes.

Relaxation 4

• En position debout, les bras le long du corps, faites quelques exercices simples de respiration (voir p. 89) et décontractez-vous.

• Inspirez en haussant les épaules le plus haut possible.

• Bloquez votre respiration et maintenez votre position 2 secondes.

• Soufflez puissamment en laissant vos épaules retomber brutalement en imaginant qu'elles sont très lourdes.

• Recommencez à plusieurs reprises jusqu'à ce que vous sentiez vos épaules et votre cou libéré des tensions nerveuses.

Relaxation 5

• En position debout, efforcez-vous de bâiller à plusieurs reprises pour détendre un à un les muscles de votre visage.

• Puis partez d'un point du corps pour arriver à son extrémité. Par exemple, soulevez une jambe et secouez d'abord la cuisse, puis le genou, le mollet, la cheville et le pied.

• À la fin de l'exercice vous devez vous ébrouer comme un chien, en remuant tout votre corps, dont les muscles sont détendus. Secouez d'abord votre tête puis les épaules, les bras, les mains, le torse, le bassin, les cuisses, les mollets et les pieds.

Relaxation 6

• Respirez profondément
• Lorsque la respiration est bien établie et se fait sans effort, fermez les yeux et relâchez vos muscles.
• Faites un exercice de visualisation de tous vos muscles, des pieds jusqu'à la tête en vous disant : « je décontracte les muscles des doigts de pieds, je relâche mes talons, mes mollets, etc. », jusqu'au visage en procédant successivement par le menton, les joues, la mâchoire, le front, les paupières, les cils et les yeux.
• Lorsque votre corps est détendu, respirez tranquillement et restez immobile au moins 3 minutes. Cette immobilité amène souvent le sommeil. Au début, vous aurez tendance à contracter à nouveau vos muscles. Reprenez-vous et forcez-vous à ne pas bouger. Concentrez-vous sur votre respiration.

Relaxation 7

Cet exercice se pratique à tout moment, lorsque vous sentez un stress ou une angoisse vous envahir.
• Dans une position confortable, assise ou allongée, placez-vous face à une source de lumière, qu'elle soit naturelle ou électrique.
• Fermez les yeux. Vous percevez encore la lumière à travers vos paupières.
• Sans ouvrir les yeux, faites en sorte de ne plus voir cette luminosité. De manière innée, votre iris se placera dans une position adéquate à l'exercice.
• Sans vous laisser endormir, gardez cette position le plus longtemps possible en respirant calmement. Vous êtes en état de relaxation profonde.

■ La relaxation par le massage

Les massages ont un effet relaxant, apaisant, décontractant, indispensable à tout être humain.

En France, nous avons tendance à concéder aux massages une connotation sexuelle. Nous n'avons pas l'habitude de « toucher » autrui ni même d'être « touché » : seules la main droite et les joues sont en contact régulier avec des individus étrangers à l'entourage intime (enfants, conjoint).

Alors que, du nouveau-né à la personne âgée, le massage procure un bien-être que rien ne peut remplacer. À condition bien entendu de savoir le pratiquer et d'être prêt à l'accepter.

On peut masser par effleurage avec le plat de la main ou dans des mouvements larges avec la pulpe des doigts (c'est un bon sédatif de la douleur). La friction, les frottements énergiques sont actifs bien qu'à éviter chez les personnes âgées.

Et après chaque massage, rien de tel qu'une douche tiède. Habillez-vous ensuite de vêtements chauds et confortables avant de vous allonger une dizaine de minutes, éventuellement en faisant quelques exercices de respiration douce (voir p. 89).

• Le massage des enfants

Chaque mère, ou père, devrait masser son bébé dès la naissance. Il sera plus détendu et appréciera à sa juste valeur la douceur des mains de sa maman sur son corps. Cette petite pause tendresse est le prolongement naturel des neufs mois passés en totale symbiose.

AILLEURS

Les civilisations portant un intérêt rituel et traditionnel au corps humain, son respect et son hygiène ont depuis toujours mis en avant la pratique des massages.

De l'Asie aux contrées nordiques, ces pays ont compris le besoin de massages qu'a le corps humain et ont développé des techniques qui leur sont propres. Les massages y sont pratiqués en tant qu'hygiène de vie, ainsi que pour prévenir ou même guérir des maladies.

Dans le monde oriental, l'épanouissement est observé sous un aspect spirituel, mais la relation affective et les plaisirs qui relèvent du massage sont également pris en considération.

COMMENT MASSER SON BÉBÉ

Avant ou après son bain, allongez tendrement votre bébé sur sa table à langer ou à même le sol sur une serviette épaisse (à défaut un petit matelas) ou encore allongé sur vos genoux si vous êtes assise en tailleur. Au début, contentez-vous de lui masser très légèrement le corps avec de l'huile d'amande douce que vous aurez achetée en pharmacie.

- Posez une main sur ses fessiers et avec l'autre main massez-le des fesses jusqu'à la nuque.
- Glissez alternativement les mains vers la gauche et la droite de son dos, des épaules jusqu'aux fessiers, en décrivant des « huit ».
- Remontez ensuite le long de sa jambe, des pieds jusqu'aux fesses, en faisant rouler le mollet et la cuisse entre vos mains.
- Mettez-le bien à plat sur le dos et massez-lui le ventre. N'appuyez pas trop fort car c'est une zone très sensible. Massez dans le sens des aiguilles d'une montre. N'insistez pas s'il n'apprécie pas le massage de cette région du corps.
- Massez-lui la plante du pied avec le pouce puis étirez-lui les orteils un à un entre votre pouce et votre index.
- Faites-lui doucement ouvrir la paume de la main et étirez-lui un à un les doigts de la main.

Sur les enfants les massages ont un rapide effet relaxant : tout petits, ils s'endorment souvent pendant le massage, à condition qu'ils en aient l'habitude. En revanche n'essayez pas de masser vigoureusement un enfant qui hurle et qui n'a jamais été massé : non seulement il n'appréciera pas, mais il redoutera par la suite d'autres tentatives. Le massage est un moment de plaisir et l'enfant qui l'aime sait, lorsque vous commencez à le masser alors qu'il est énervé ou n'arrive pas à trouver le sommeil, que c'est un bonheur qui s'annonce. Et il se laisse vite bercer par votre massage.

Savoir masser un enfant est une excellente parade contre les colères du soir, les enfants énervés ou lorsque le sommeil ne vient pas. Pour les plus grands, le massage peut aussi se faire chaque soir après la petite histoire racontée au pied du lit. Vous refermez le livre, éteignez la lumière et pendant deux ou trois minutes vous massez le visage de votre enfant.

Le massage de l'adolescent et de l'adulte

Quel que soit votre âge n'hésitez pas à pratiquer l'automassage.

L'automassage : le matin, il aide à un meilleur réveil, et le soir il enlève toutes les tensions reçues au cours de la journée. L'automassage a aussi l'avantage de pouvoir être pratiqué partout : sur le lieu de travail ou même lors d'un examen. En quelques minutes, vous vous ressourcez et vous chassez toute forme de stress. Cela peut être très utile pour les jeunes lors d'épreuves scolaires par exemple.
Un kinésithérapeute spécialisé dans les techniques du massage vous enseignera, en une ou deux séances, la technique d'automassage.

Si les causes de l'insomnie sont d'ordre nerveux (stress, irritabilité, trac) certains massages comme ceux des pieds, des mains ou des oreilles peuvent s'avérer très efficaces et permettre de retrouver rapidement le sommeil.

L'adolescence est la période idéale pour initier quelqu'un au massage, en particulier à l'automassage. Il pourra se soulager, se décontracter seul tout au long de sa vie. Il gérera son stress et rétablira dès les premiers symptômes, ses déséquilibres.

Les personnes âgées pratiquent souvent le massage pour se soulager des problèmes de motricité. Les personnes alitées ou peu actives accumulent toutes les formes de stress que leur inactivité empêche de libérer. Les massages sont alors un excellent moyen de détendre leur corps. Les personnes pratiquant l'automassage

---

BON À SAVOIR

Pour votre bien-être quotidien ou dès que le surmenage vous guette, les instituts de beauté et les centres de thalassothérapie proposent différents massages (dos, pieds, cou...) ayant pour objectif une détente parfaite.

pourront se soulager et se relaxer de façon autonome depuis leur lit ou leur fauteuil. Plus détendues, elles seront moins confrontées aux troubles du sommeil.

■ La relaxation par le yoga

On a beaucoup entendu parler de yoga. Venue d'Inde, cette méthode favorise un développement harmonieux du corps. Le yoga apporte l'équilibre, la détente, un psychisme solide et le contrôle de son corps. D'où son utilité pour retrouver un sommeil calme et un état d'esprit s'y prêtant.

Le yoga, comme les autres méthodes de relaxation, ne soigne pas à proprement parler, mais sa pratique régulière discipline l'organisme et garantit un bon équilibre. En s'appuyant sur la respiration dans des postures précises, le yoga favorise aussi une certaine connaissance du corps et de ses limites. Non seulement vous acquerrez de la souplesse, mais vous ressortirez détendu, calme et en pleine possession de vos moyens pour contrôler votre état émotionnel et nerveux. Les adeptes du yoga ne peuvent s'en passer. Une fois les postures apprises, vous pouvez le pratiquer seul chez vous.

Union nationale de Yoga
Syndicat national des professeurs de yoga
3, rue Aubriot
75004 Paris
tél. 01 42 78 03 05

Apprendre à agir sur sa volonté

Pour vaincre une insomnie, et d'autant plus lorsqu'on est confronté à des troubles chroniques, il faut une certaine volonté. Le sujet doit trouver au fond de lui l'envie, la motivation et la force grâce auxquelles il va se soigner. **Le secret du bon sommeil est avant tout la confiance en soi, en son corps et en sa faculté de bien dormir.** Lorsque vous êtes passé maître de vos pensées, de votre volonté, vous pouvez alors en appliquer toute la puissance à votre conduite de vie et à vos besoins. Comme tout ce qui touche à nos fonctions physiques, le psychisme s'éduque et se travaille.

■ Le psychisme et le sommeil chez l'enfant

L'enfant ne doit pas avoir une image négative du lit

Un enfant qui éprouve des difficultés pour aller se coucher ou s'endormir a sans doute des problèmes liés à la fonction qu'il donne à son cadre de nuit.

C'est pourquoi, il faut éviter de lui faire associer le lit à une sentence en lui disant par exemple :
• « Si tu n'es pas sage, tu iras au lit sans manger ».
• « Si tu cries encore, je te mets au lit où tu seras seul et dans le noir ».
• « Quand tu seras plus grand, tu pourras rester regarder la télévision mais maintenant tu files dans ton lit ».

Toutes ces punitions sont pernicieuses pour l'équilibre de l'enfant qui souffre de troubles du sommeil. Il associe son lit et sa chambre à un blâme, à la solitude, aux cauchemars et parfois même à la mort. Et finit par rejeter le fait de se coucher et par conséquent de dormir. D'où les hurlements le soir, les caprices pour aller se coucher, l'enfant vivant cet instant comme une torture, un châtiment quotidien et surtout une grande injustice. Il entre en rébellion contre le pouvoir parental et dormir devient pour lui un signe de capitulation et de faiblesse devant cette autorité.

Que faut-il faire ?

Il faut inculquer à l'enfant ce qu'est la notion de plaisir du lit : savoir dormir, rêver, être bien dans son lit, au chaud, protégé, dans un cocon, au calme. Supprimer tout adjectif ou toute comparaison négatifs associés à sa chambre qui sèmerait le doute dans son esprit. Il ne tient qu'à vous de l'aider car en quelques jours, quelques semaines ou quelques mois, il aura changé ses habitudes. Prenez sur votre temps, vous l'aiderez énormément et votre soirée gagnera en calme.

• **Il faut avant tout prendre le temps de s'occuper de son enfant dans les heures qui précèdent et qui suivent le sommeil.** Lire une histoire, parler, masser, embrasser, caresser, chanter, tels sont les gestes qui vont, jour après jour, aider l'enfant à retrouver la douceur de la nuit et la confiance en ses parents.

• **L'enfant doit comprendre que c'est une chance d'aller se coucher,** que tout le monde dort et qu'en étant moins fatigué, le lendemain il fera plus de choses.

• **L'enfant ne doit pas avoir peur** (en tout cas pas sans raisons) de rester seul dans son lit. Il peut avoir une peluche pour lui tenir compagnie ou un doudou s'il le désire.

• **Lui faire comprendre qu'en dormant on devient plus beau**, plus intelligent, avec une meilleure mémoire et que se coucher n'est pas un signe de lâcheté et de faiblesse.

• **Il faut enrayer tout autoritarisme non justifié.** Les parents doivent accompagner l'enfant sur le chemin de ses retrouvailles avec le sommeil et l'aider à aimer son lit, sa chambre, son environnement nocturne. C'est aux parents de prendre le temps de lui raconter des histoires, de rire, de jouer.

• **L'enfant doit sentir la présence proche des parents** et savoir qu'ils sont prêts à intervenir (mais jamais plus de deux fois, lorsqu'on vient de le coucher).

• **Il convient de limiter le lit aux seuls moments de sommeil.** Le lit n'est pas un parc et même si l'enfant peut y jouer calmement au réveil, il ne faut pas le laisser des heures dedans pendant la journée, sous prétexte que vous ne pouvez vous en occuper. Sinon l'enfant risque de prendre le lit pour une prison.

• **Lorsque l'enfant est fatigué,** il demande parfois à aller se coucher, par des mots, en se frottant les yeux, en bâillant ou en suçant son pouce.
Ne laissez jamais passer ce moment et prenez-le dans vos bras, faites-lui un petit câlin, allongez-le sur son lit, racontez lui une

histoire, chantez-lui une chanson ou tout simplement parlez-lui de vous, de lui, de ce qu'il aime. Il trouvera là une formidable base pour se laisser glisser dans les bras de Morphée. Et associera dans le futur l'envie de dormir à un petit câlin et à un tendre échange privilégié entre vous et lui.

• **L'enfant vit difficilement le fait d'être laissé seul, surtout lorsque le noyau familial est brisé**, soit par un divorce soit par le deuil d'un parent.

L'angoisse de se retrouver seul et le sentiment d'abandon perturbent alors son sommeil. L'enfant s'est réveillé un matin et a réalisé la disparition d'une personne qui lui était chère. Depuis, il associe le sommeil et la nuit à une nouvelle séparation. Peu à peu se développe cette association à laquelle il lui est difficile de remédier sans une aide extérieure. La présence des parents au réveil est indispensable et le temps passé à préparer l'endormissement également. Le rituel du coucher est essentiel, la douceur et la confiance accordées par celui qui le met dans son lit aussi. À chacun de trouver les mots rassurants, le réconfort que l'enfant attend.

TÉMOIGNAGES

• Marie : « Mon fils aîné de trois ans faisait des cauchemars presque toutes les nuits. À chaque fois des serpents, des dinosaures, des requins et toutes sortes de bêtes étranges venaient le dévorer et l'attaquer. Nous avons « dressé » une de ses peluches (il s'agit d'un lion, le roi de la jungle) à chasser tous les animaux. Depuis, le lion dort au pied de son lit et les méchantes bêtes ne peuvent atteindre mon fils qui dort sagement ».

• Sylvie : « J'ai peint un simple petit bout de bois d'une jolie couleur qui est aussitôt devenu une baguette magique pour ma fille, et surtout une parade infaillible pour transformer les sorcières et autres monstres en adorables petits lutins. Posée sur sa table de nuit, elle peut l'attraper facilement toute seule et l'utiliser dès qu'elle en a besoin ! ».

■ Effets de la suggestion et de l'autosuggestion sur le sommeil

Autant que le sommeil, le psychisme est, plus qu'on ne le croit, malléable.

La suggestion est une méthode douce qui permet à n'importe qui (enfant, adulte ou personne âgée) de se laisser dicter ses conduites, de modeler son psychisme, donc par extension, de se laisser glisser dans le sommeil. À condition bien entendu de le souhaiter.

C'est une méthode qui peut donner d'excellents résultats notamment chez les enfants avec qui elle peut se transformer en petit jeu.

Chez l'adulte entraîné, la suggestion se transforme en autosuggestion et la répétition fréquente de celle-ci conduit graduellement à la réussite. Ces quelques principes inculqués dès le plus jeune âge peuvent conditionner rapidement un bon endormissement.

Avec un peu d'entraînement, n'importe qui peut gérer son sommeil et le dominer.

Pour arriver à cette facilité de concentration, il est indispensable d'être prêt psychologiquement à de tels exercices. Le corps doit se plier à ce que lui demande l'esprit. Pour y arriver, rien de tel que de petits exercices faisant travailler la volonté et la concentration (voir p. 105).

Le lit doit être associé au fait de dormir. Couchez-vous seulement lorsque vous êtes fatigué et si, après 10 minutes passées à essayer de dormir, vous résistez, levez-vous et changez-vous les idées.

Comment dormir lorsqu'on est tendu, sous pression et énervé ?

Il faut faire le vide, ne plus penser à rien. Il faut souffler et écouter le silence. Et prendre conscience de ce silence, la tête et les épaules maintenues dans un équilibre stable.

• Allongez-vous sur votre lit dans une position confortable, sur le dos ou le côté.

• Vous devez vous sentir à l'aise dans votre tenue et votre lit, et aucune gêne extérieure (température, draps, etc.) ne doit perturber votre concentration.

• Laissez les bras le long du corps et recherchez une respiration profonde et ample (voir *La respiration*, p. 87), jusqu'à ce qu'elle devienne régulière.

• Lorsque cette respiration est naturelle (si vous n'y parvenez pas, n'y pensez plus et passez à la suite) éteignez la lumière ou à défaut baissez-la, et fermez les yeux.

• Faites le vide dans votre tête et laissez-vous guider par la petite voix. Celle-ci peut être votre propre voix (vous murmurez ou vous imaginez la voix) ou celle d'un de vos proches. Elle doit être basse et monotone.

• Les phrases de suggestion (voir encadré) sont simples, détaillées et la voix ne s'arrête jamais, c'est une règle absolue.

• Au fur et à mesure que le sujet plonge dans son sommeil, la voix peut se faire de plus en plus basse pour s'éloigner en douceur jusqu'à s'éteindre complètement.

QUELQUES PHRASES DE SUGGESTION

• « Je suis calme, détendu et décidé à réussir ce que j'entreprends ».

• « J'ai de la volonté, je me contrôle ».

• « Je vais dormir, je vais dormir, le sommeil m'entoure et va m'emmener ».

• « Je ferme les yeux, je suis calme, très calme, détendu. Mes paupières sont lourdes, très lourdes, de plus en plus lourdes, je détends tous mes muscles, de mon front au bout de mes doigts de pieds, je visualise chacun de mes organes. Je contrôle tout mon corps, je suis détendu, ma tête est lourde, je respire lentement, très lentement, etc. ».

Apprendre à se concentrer

La concentration permet d'échapper à toute emprise, quelle qu'elle soit, de l'insomnie.

L'immobilité dans laquelle doivent se dérouler les exercices est essentielle car c'est une des conditions qui aboutit dans la quasi-totalité des cas à l'endormissement : une personne allongée qui ne bouge pas pendant dix à quinze minutes, en étant bien relâchée et détendue, trouvera rapidement le sommeil.

■ Exercice de concentration de base

Allongez-vous sur un lit ou à défaut installez-vous dans un fauteuil large et confortable où vous pouvez laisser reposer votre nuque. Détendez-vous et fermez les yeux. Vous devez sentir votre corps devenir lourd. Choisissez un membre de votre corps, le pied par exemple. Imaginez que vous n'en n'avez plus, que votre pied est mort : répétez-vous : « il pèse de plus en plus lourd », jusqu'à ce que vous ne le sentiez plus du tout. Restez le plus longtemps possible dans cette position en visualisant ce pied mort. À chaque fois que vous pratiquez cet exercice, changez de membre.

■ Quelques exercices de concentration faciles à réaliser

« Le métronome »

Cet exercice aide ceux qui dorment dans un environnement sonore et bruyant et contre lesquels ils ne peuvent rien. C'est pourquoi il faut surmonter ce bruit extérieur et se concentrer sur autre chose.

• Mettez-vous en situation de sommeil dans les meilleures conditions possibles : bonne alimentation, bain relaxant, rituel du coucher, etc.

- Fermez les yeux, inspirez, soufflez.
- Placez à côté de votre lit (sur la table de nuit par exemple) une montre ou un réveil dont le « tic-tac » est sonore (à défaut un métronome).
- Concentrez-vous sur ce bruit incessant. Imaginez alors un air qui vous semble proche de celui que vous entendez. Votre esprit va imaginer une chanson, que le bruit du tic-tac vous aura inspiré. Suivez le rythme et fredonnez dans votre tête cette chanson.
- Sur cet air, assemblez des images. Le début d'un rêve prend forme. Rendez-le vivant tout en continuant à chantonner.
- Si cela vous semble trop difficile au début, vous pouvez commencer par compter en ordre décroissant (commencez à 300 pour arriver à 0 par exemple) sur le rythme du métronome.

« Le cercle »

Cet exercice s'adresse tout particulièrement aux anxieux et aux personnes nerveuses.

- Mettez-vous en situation de sommeil dans les meilleures conditions possibles : bonne alimentation, bain relaxant, rituel du coucher, etc.
- Faites quelques exercices de relaxation (voir p. 93) pour vous détendre.
- Fermez les yeux, inspirez, soufflez.
- Par la pensée, visualisez un cercle noir d'une vingtaine de centimètres de diamètre. Ce rond noir, vous ne devez pas le quitter des yeux.
- Laissez votre imaginaire développer quelques visions. Toutes les images qui s'animent devant vous, visualisez-les à l'intérieur du cercle. Tout ce qui vous vient à l'esprit doit prendre vie à l'intérieur de ce cercle noir.
- Mettez ensuite tous les individus qui se trouvent dans votre cercle en position de sommeil. Imaginez des lits, des chambres, allongez vos personnages et imaginez qu'ils dorment tous, toujours à l'intérieur de votre rond noir.
- Ne quittez plus des yeux ces personnes et regardez-les dormir.

Si elles n'y arrivent pas, incitez-les au sommeil. Faites-leur de la suggestion, parlez-leur du bienfait du sommeil sur la santé, etc.

« L'encerclement »

Dérivé du précédent, cet exercice s'adresse aux individus ayant une angoisse liée à une situation précise (examen, par exemple).

• Mettez-vous en situation de sommeil dans les meilleures conditions : bonne alimentation, bain relaxant, rituel du coucher, etc.
• Faites quelques exercices de relaxation (voir p. 93) pour vous détendre.
• Fermez les yeux, inspirez, soufflez.
• Par la pensée, visualisez à nouveau un cercle noir d'une vingtaine de centimètres de diamètre. Ce rond noir, vous ne devez pas le quitter des yeux.
• Représentez-vous visuellement, à l'intérieur de votre cercle, la situation qui vous angoisse.
• Ne quittez pas des yeux cette mise en scène et concentrez-vous sur le cercle. Dans la représentation visuelle de cette situation, il doit y avoir une immobilité totale. Rien ni personne ne doit bouger. C'est vous qui contrôlez toute la situation et qui empêchez tout mouvement.
• Maintenez ce schéma aussi longtemps que possible.

« Le train »

Cet exercice s'adresse tout particulièrement aux sujets ne trouvant pas le sommeil à cause d'une idée fixe, souvent noire et obsédante.

• Mettez-vous en situation de sommeil dans les meilleures conditions possibles : bonne alimentation, bain relaxant, rituel du coucher, etc.
• Fermez les yeux, inspirez, soufflez.
• Imaginez que vous êtes dans un train qui part, très loin et dont vous ne connaissez pas la destination ni la durée du voyage.
• Installez-vous seul, dans un compartiment, que vous fermez à clé et asseyez-vous confortablement.

• Une fois que vous êtes assis, le train entre dans un tunnel. Celui-ci est très noir et vous ne distinguez rien au dehors. Pourtant vous regardez en permanence à l'extérieur.

• Votre concentration va se figer sur ce tunnel, le regard fixé à l'extérieur. Le train roule toujours dans ce tunnel. Il n'en ressort jamais et vous ne quittez pas des yeux l'obscurité du tunnel.

TÉMOIGNAGE

Pierre : « Il y a deux ans, j'ai passé une semaine de vacances avec des amis dans une grande maison. Tous les jours, je contemplais en silence le feu de leur grande cheminée, surtout pendant le dîner et la soirée. Moi qui souffrais d'insomnies depuis plusieurs mois, j'ai retrouvé le sommeil là-bas. Depuis, je ne dors bien que si je retrouve cette flamme quelques minutes avant de dormir. Vivant dans un studio sans cheminée, j'allume une bougie que je regarde pendant une dizaine de minutes. Cela fait maintenant partie de mon rituel de coucher et, j'ai toujours une bougie dans mon sac. »

III. Se faire aider

L'insomnie fait partie des troubles qui peuvent être psychosomatiques ou reposer sur un déséquilibre psychologique, émotionnel ou nerveux. L'allopathie, bien qu'ayant fait ses preuves, n'a pas toujours les solutions adéquates pour remédier aux légères insomnies et autres troubles du sommeil. En revanche, les médecines douces peuvent être extrêmement utiles, en guérison comme en prévention. La médecine classique s'applique plus souvent aux insomnies chroniques profondes.
C'est à chacun, en fonction de ce dont il souffre, de décider vers quelle thérapie s'orienter.

La médecine classique

Bien que les médecins prescrivent généralement un traitement complet alliant psychotropes et méthodes douces, les somnifères sont encore les seuls médicaments pour lesquels on ait vérifié l'efficacité sur de grandes populations. Toutefois de nouveaux traitements voient le jour, telle la lumière de haute intensité, qui représente peut-être l'avenir de la médecine classique.

■ Les somnifères

Les hypnotiques ont donné et donnent toujours de très bons résultats dans le traitement de l'insomnie, mais des abus sont apparus dans leurs prescriptions, reflet avant tout du malaise général subi par une grande majorité d'entre nous.

Toutefois, l'allopathie poursuit bien des recherches sur les troubles du sommeil et ses effets sont indéniables. **Les thérapies**

PREMIER CONSTAT

La France détient un bien triste record car, avec plus de 500 000 comprimés par jour, nous sommes les plus gros consommateurs de tranquillisants au monde.

Cela fait peur, d'autant plus lorsque l'on sait que 3 % des enfants de moins de trois mois et 16 % des enfants de moins de 6 mois reçoivent une administration régulière de psychotropes !

(Étude du Comité français pour l'éducation de la santé, 1994)

offertes par la médecine classique pour soulager les insomnies reposent sur un ensemble de mesures et ne se limitent pas à la prise d'un somnifère. Les médecins proposent de retrouver une hygiène du sommeil et de vie (telle que nous l'évoquions dans les chapitres précédents) et de suivre diverses méthodes de relaxation en concomitance avec une prise d'hypnotiques. Malheureusement, les patients ont trop souvent tendance à négliger cet aspect du traitement et se limitent aux psychotropes.

Aujourd'hui de plus en plus de spécialistes pensent que la phytothérapie, associée à l'absorption de préparations à base de valériane, peut tout à fait remédier à certains troubles du sommeil.

Doit-on consulter un médecin ?

Un insomniaque qui n'arrive pas à se débarrasser seul de ses troubles doit consulter un médecin. Car si certains somnifères sont en vente libre, ils peuvent engendrer des effets secondaires, l'accoutumance et la dépendance pouvant apparaître de manière précoce.

Outre la prescription de somnifères délivrés pour un temps limité, s'il le juge utile, le médecin proposera à son patient d'autres formes de thérapies.

Il est à noter que les insomniaques consultent souvent leur médecin pour un autre motif (dépression, maladie, baisse du tonus, migraines, etc.) et ce n'est qu'après examen et analyse que le spécialiste remonte plus loin et constate de graves troubles du sommeil.

Après un bilan complet du sujet depuis sa naissance, il étudie le sommeil de son patient sur un temps limité, grâce à la tenue d'un « journal de bord du sommeil » qu'il lui demande de rédiger jour après jour. À partir de cet outil, le spécialiste élabore un plan de rééducation du sommeil adapté à l'insomnie.

Après diagnostic et si son cas le justifie, le médecin pourra adresser son patient vers un des nombreux hôpitaux et centres pourvus en unités spécialisées (se reporter aux adresses en fin d'ouvrage). Les traitements divergent d'un sujet à l'autre. Outre le traitement médical pur, on y réapprend aussi la fonction du lit et son usage.

L'hospitalisation du sujet est parfois utile pour étudier les rythmes du sommeil et entreprendre une rééducation. Si aux États-Unis les cliniques du sommeil se sont considérablement développées, ces établissements sont encore méconnus en France.

■ Limites et contre-indications des somnifères

• Les somnifères ne sont pas une solution à long terme.

Les somnifères sont prescrits par le médecin dans les cas de troubles du sommeil graves et occasionnels provoqués par un fait précis (deuil, dépression, maladie, accident…) mais ils ne sont en aucun cas une solution à long terme.

La prescription d'un hypnotique est établie pour une durée maximale de 28 jours pour ne pas engendrer d'effets secondaires majeurs.

Ce qui laisse le temps au patient de calmer ses angoisses liées à ce choc émotionnel ou physique et d'envisager, en traitement parallèle, des séances de thérapies douces comme la relaxation.

• Les somnifères sont déconseillés pour certaines personnes.

• **Chez le nouveau-né et l'enfant** les somnifères sont vivement déconseillés.

• **Chez la personne âgée** leur prescription est délicate car celle-ci élimine avec grandes difficultés les substances assimilées et les somnifères peuvent provoquer à long terme des amnésies et des confusions mentales.

• **Chez la femme enceinte ou allaitante**, le danger pour le bébé est évident et la surveillance médicale sera d'autant plus importante.

• Les effets secondaires des somnifères.

Outre l'accoutumance et la dépendance qui sont les conséquences majeures de l'administration de somnifères, des réactions secondaires, avec des effets plus ou moins marqués, peuvent apparaître. Leur liste est longue et varie d'un individu à l'autre et selon le traitement administré ; nous citons les plus courants.
Ces effets secondaires surviennent en cas de thérapie de longue durée : le sujet doit alors se désintoxiquer psychologiquement de ces substances.

L'accoutumance se manifeste par l'épuisement de l'effet du médicament sur le malade. Si au début du traitement un seul comprimé suffisait à calmer ses troubles, le sujet doit ensuite doubler les doses pour obtenir le même résultat. Le somnifère ne donne plus l'effet escompté, il y a donc augmentation des doses pour dormir.

La dépendance (appelée aussi assuétude) est une réaction d'abord physique de privation puis ensuite d'ordre psychique lorsque le sujet ne peut plus se passer de ses médicaments. Le seul fait de prendre un comprimé suffira à soulager ses troubles. Suite à une première insomnie, la prescription d'un somnifère a permis au sujet de retrouver le sommeil, mais la fin du traitement suscite une nouvelle angoisse liée au fait de ne pouvoir s'endormir sans ce médicament, ce qui conduit à la reconduction d'un nouveau traitement.

La modification du sommeil : nous l'avons vu, les rythmes du sommeil sont bouleversés et une fois le traitement achevé, le sujet

LES DIFFÉRENTS SOMNIFÈRES

- Les **barbituriques** sont les premiers somnifères apparus sur le marché. Largement administrés dans les années 60, ils augmentaient la durée du sommeil mais provoquaient des effets secondaires sévères : une forte dépendance physique avec un danger de mort par overdose, une interaction avec d'autres médicaments possibles et un sevrage délicat. De plus, lors des prescriptions à long terme, une réelle perte d'efficacité apparaissait. Toutes ces raisons ont poussé les médecins à ne plus les prescrire aujourd'hui.

- Les **benzodiazépines** (l'Halcion, le Témesta…), à mi-chemin entre anxiolitiques et hypnotiques, ils ont été introduits dans les années 60 et ont été les médicaments les plus prescrits pendant vingt ans.
Induisant rapidement le sommeil, ces substances ont pour effet de réduire le temps d'endormissement, de diminuer le nombre et la durée des éveils nocturnes, mais ils modifient la structure du sommeil en augmentant le stade 2 de sommeil lent et en réduisant les stades lents suivants. S'ils ont prouvé leur efficacité dans le traitement de certaines insomnies chroniques avec une prescription de courte durée, des effets secondaires sont cependant manifestes : somnolence et anxiété diurnes, dépendance, accoutumance, perte de mémoire, diminution des performances psychomotrices et rebond d'insomnies au sevrage. Lors du sevrage, des troubles tels que de l'irritabilité, des maux de tête, des nausées et des modifications de la perception liée au bruit, à la lumière, au toucher ou à l'odeur, peuvent apparaître.

- Le **zopiclone** et le **zolpidem**, deux dérivés des benzodiazépines ont ensuite permis de traiter l'insomnie : ils sont toujours prescrits de nos jours. Diminuant le temps d'endormissement et augmentant la durée totale de sommeil, le zolpidem possède des propriétés anticonvulsives, myorelaxantes[1], sédatives et hypnotiques. Le zopiclone a des effets sédatifs, hypnotiques, anxiolytiques, anticonvulsifs et relaxants. Les effets secondaires de ces somnifères sont moindres que ceux des benzodiazépines, d'où l'intérêt de leurs prescriptions.

- Les **antidépresseurs** : administrés en cas d'insomnies dues à un état dépressif, ils diminuent le sommeil paradoxal et favorisent le sommeil lent. Le temps d'endormissement est rapide, le sommeil total augmente entraînant une baisse du nombre des éveils nocturnes et de leur durée.

1. Relaxation des muscles.

doit se réadapter à ses cycles. Certains somnifères diminuent considérablement la proportion de sommeil lent profond ou de sommeil paradoxal.

La somnolence : elle est fréquente pendant le traitement et dure tout au long de la journée. L'insomniaque somnole en permanence, avant et pendant la thérapie.

La perte de mémoire et la confusion mentale : un traitement par hypnotiques peut conduire à des troubles de la mémoire et à des confusions mentales, effets qui apparaissent en cas de surdosage chez la personne âgée. Toutefois une perte de la mémoire, notamment sous benzodiazépines, n'est pas irrémédiable.

L'effet inverse : certains enfants réagissent très mal aux somnifères qui provoquent l'inverse de l'effet escompté : on note une excitation et un regain d'activité. Et de nombreuses heures seulement après avoir pris le médicament, ils tombent de sommeil.

LES RÈGLES DU CONSOMMATEUR DE PSYCHOTROPES

- Le somnifère est prescrit par un médecin et le traitement rigoureusement suivi, sans écarts, ni augmentation des doses, ni prolongement sans avis médical.
- Il ne faut jamais écouter les bons conseils de son meilleur ami ou de son voisin. Quel que soit le type de somnifères, l'automédication est à proscrire.
- Il ne faut jamais associer de sa propre initiative plusieurs somnifères.
- Si des effets secondaires apparaissent lors du traitement, il faut immédiatement le signaler au médecin traitant.
- Lorsqu'on est sous traitement hypnotique, la somnolence est fréquente et la consommation d'alcool fortement déconseillée. Le sujet doit donc être d'une grande prudence au volant et ne pas boire.

L'angoisse, le stress et l'anxiété décuplés : s'ils permettent au sujet de bien dormir le soir, certains somnifères entraînent une réapparition de l'angoisse et de l'anxiété au réveil et dans la journée. Et ces symptômes, souvent à l'origine de la prescription médicale, sont plus violents lorsqu'ils reviennent.

■ L'avenir de la médecine classique

Les spécialistes espèrent un jour pouvoir proposer à leurs patients **une substance hypnotique qui induirait le sommeil de manière rapide et efficace** en le prolongeant pendant environ 8 heures, qui supprimerait les éveils nocturnes, préserverait les cycles du sommeil, n'aurait pas d'effets secondaires, et n'engendrerait aucune dépendance dans les prescriptions à long terme.

D'autres, aujourd'hui, préféreraient trouver sur le marché un médicament pour ne plus dormir.
On a beaucoup parlé ces derniers temps d'une pilule antisommeil. Commercialisée depuis peu en France, elle est exclusivement prescrite aux hypersomniaques. Il s'agit d'un médicament destiné à soigner des troubles particuliers du sommeil mais il n'est et ne sera en aucune manière proposée pour traiter les insomnies. Cette pilule « miracle » est aujourd'hui administrée par un médecin spécialisé et uniquement délivrée dans les hôpitaux.

Autre espoir pour les insomniaques chroniques et les hypersomniaques, **la thérapie génique**, mais les recherches dans ce domaine n'en sont qu'à leurs balbutiements.

Enfin, on ne peut parler de l'avenir de la médecine classique sans souligner le succès des traitements par **la lumière de haute intensité**.

LA LUMIÈRE DE HAUTE INTENSITÉ

Sans doute est-ce avec ce genre de thérapie qu'il faut envisager l'avenir.

• Au début des années 1980, une équipe d'Harvard menée par MM. Levi et Rosenthal démontre qu'un traitement par une exposition quotidienne à la lumière de haute intensité (4 000 lux) est aussi efficace que les antidépresseurs dans le cas d'insomnies dues à des décalages de phases, c'est-à-dire pour les personnes perturbées dans leur sommeil à cause de réveils en décalage avec leurs cycles, ou pour celles travaillant de nuit.

• La lumière de haute intensité, en faisant diminuer le taux de mélatonine dans le sang, permet au patient de se resynchroniser.

• Correspondant à la luminosité extérieure qui règne par une belle journée de printemps, la haute intensité (dont le spectre est proche de la lumière naturelle et ne chauffe pas) est difficile à obtenir par un éclairage artificiel traditionnel, celui-ci ne dépassant pas 700 lux. Les centres spécialisés du sommeil utilisent des écrans portatifs, ce qui facilite les traitements à domicile.

• En s'exposant en moyenne une heure par jour, le malade parvient à retrouver son équilibre. Ces écrans présentent un intérêt accru pour les personnes soumises à des rythmes professionnels décalés. Leur application est envisageable autant pour les ouvriers travaillant de nuit ou en rotation, que pour les hommes d'affaires toujours entre deux avions, les perturbations physiologiques survenant à partir de 3 heures de décalage horaire. L'exposition à la lumière de haute intensité aide à retrouver ses rythmes trois à quatre fois plus vite. Quelques hôtels internationaux proposent déjà à leurs clients les services d'une « luxthérapie ». Lorsqu'on sait que ces expositions offrent une plus grande tolérance aux changements d'horaires, pourquoi ne pas mettre en place des écrans lumineux dans les entreprises fonctionnant 24 h sur 24, dans les hôpitaux, les aéroports (pour les tours de contrôle), centrales nucléaires, etc. ?

• Enfin si vous souffrez à chaque changement de saison de quelques insomnies passagères, ne restez pas enfermé chez vous car si ces écrans sont encore onéreux (10 000 F), rien ne remplacera jamais une promenade de deux heures en plein air, même sous un ciel légèrement couvert...

Les médecines douces

Ces dernières années en France se sont développées de nombreuses médecines parallèles, appelées aussi médecines douces ou naturelles. Plus nombreux aussi sont les médecins qui suivent des formations spécifiques dans ces domaines.
Malheureusement quelques praticiens peu recommandables ont pignon sur rue et il importe de savoir qui vous prend en charge. Les adresses proposées vous aiguilleront pour ne pas faire d'erreur et, en cas de doute, vous pouvez toujours vous adresser au syndicat des médecins.

Syndicat des médecins
60, bd de la Tour-Maubourg
75340 Paris
tél. 01 44 18 62 21

■ L'homéopathie

Des mots grecs *homoios* (semblable) et *pathos* (affection), cette thérapie opposée par définition à l'allopathie voit le jour à la fin du XVIIIe siècle grâce à Samuel Hahnemann. Il semble qu'aujourd'hui l'homéopathie soit de plus en plus sollicitée pour soigner les enfants ou les adolescents.
Cette thérapie a l'avantage de soigner tous les maux liés au manque de sommeil : l'agitation, le stress, les angoisses, les cauchemars, les hallucinations, la peur du noir, l'inversement du jour et de la nuit, la contrariété, le surmenage et propose même des traitements pour aider à la désintoxication des tranquillisants et des somnifères.
Il n'y a pas de traitement type puisque l'homéopathie soigne le malade et non pas une maladie : le médecin tient compte dans le traitement proposé de la globalité du patient. Pour un même symptôme, le traitement sera différent d'un individu à l'autre.

Ensemble, le médecin et le patient font un bilan : son entourage proche, ses conditions de vie, son passé, son âge, sa situation, son tempérament, ses réactions, etc. Une des caractéristiques propres à l'homéopathe est le temps d'écoute qu'il accorde à son patient : les visites peuvent être longues et peu à peu le spécialiste conduit le sujet à énoncer certaines vérités. Lorsqu'un individu est suivi depuis longtemps par son homéopathe, une simple conversation téléphonique peut aboutir à un traitement, le médecin connaissant son cadre de vie.

L'automédication ou le fait de suivre le traitement d'un ami n'ont aucun sens.

Un des atouts de cette thérapie : ses premiers effets sont rapides ou nuls (même si les prescriptions sont parfois données sur plusieurs mois), ce qui d'évidence met le patient en confiance et, en cas d'échec, lui permet de se tourner sans attendre vers une autre thérapie.

■ L'ostéopathie

Méconnue dans le traitement des insomnies, l'ostéopathie conquiert de plus en plus de patients qui reviennent consulter régulièrement par la suite en guise de prévention. Le spécialiste exerce des manipulations sur les zones sensibles du corps qui génèrent un état émotionnel ou un dysfonctionnement nerveux.

Comme toutes les thérapeutiques douces, cette technique est encore contestée. Soulignons son caractère fragile et l'importance de découvrir le bon ostéopathe, car un praticien non compétent peut nuire à votre santé en vous manipulant. Il existe en France de nombreux ostéopathes qui pratiquent avec succès cette thérapie. Le nombre de séances et leur déroulement varie selon la demande et les troubles dont souffre le patient.

Syndicat national des médecins ostéopathes
148, bd Malesherbes
75017 Paris
tél. 01 46 22 35 54

■ L'oligothérapie

L'oligothérapie est une des rares médecine naturelle découverte et mise au point par un médecin de formation classique. Les allopathes n'avaient donc aucune raison d'entrer en guerre, au départ, contre cette nouvelle thérapie. Aujourd'hui nombreux sont les médecins administrant des traitements à base d'oligo-éléments. Les oligo-éléments sont d'infimes particules de métal (oligo signifie « quantités infimes ») qui ont pour but de faciliter les réactions biologiques vitales.

Parmi les oligo-éléments nous trouvons le manganèse, le magnésium, le cuivre, le cobalt, l'argent, l'or, le lithium, l'aluminium.

Pour résoudre certaines insomnies, les médecins après un long interrogatoire du patient n'hésitent pas à en prescrire : l'aluminium, par exemple, joue un rôle de régulation du sommeil ; le cobalt calme les angoisses et le lithium contribue au traitement des dépressions et divers troubles psychosomatiques. Prescrits sur ordonnance, ces médicaments sont peu onéreux et remboursés par la Sécurité Sociale. Leur administration est simple car ils se présentent seuls ou composés de plusieurs oligo-éléments sous forme d'ampoules, de flacons doseurs ou d'aérosols.

■ La thalassothérapie

Si vous n'arrivez pas par vos propres moyens à retrouver un bien-être corporel, diététique et psychologique, les centres de thalassothérapie (de *thalassa* : mer et *thérapie* : traitement) peuvent aujourd'hui vous guider. En prévention ou en début de traitement, ils vous aident à retrouver une bonne hygiène de vie, à vous détendre et ils prolongent la rééducation que vous avez commencée seul. Le développement et le succès que connaissent les centres en France montrent à quel point l'homme d'aujourd'hui a besoin de calme, de détente, d'hygiène pour évacuer le stress, l'insomnie, l'angoisse, le trac, les états nerveux qui détruisent à petit feu son équilibre psychique.

Renseignez-vous auprès des organismes compétents (la Maison

de la thalassothérapie pourra vous guider dans vos recherches) car certains centres sont spécialisés pour soigner les troubles du sommeil. S'ils sont prescrits par votre médecin, la Sécurité Sociale peut rembourser les soins de votre séjour en centre de thalasso-thérapie à condition que votre demande d'entente préalable soit acceptée (ne pas confondre avec les Centres de remise en forme). À défaut, faites des économies pour vous offrir ces quelques jours et repartir sur de bonnes bases. Une fois sur place, c'est en accord avec un médecin que vous déterminerez le traitement à suivre : massages, rééducation corporelle, bains d'algues, bains de boue, régime alimentaire, jet d'eau, jacuzzi, etc.

En complément à la rééducation physique, vient s'ajouter un suivi diététique : vous mangerez équilibré, léger et vous vous sentirez en forme le soir pour dormir. Vous y trouverez une harmonie, un équilibre entre votre corps et votre esprit, vous réapprendrez à aimer votre corps et à en prendre soin.

Maison de la thalassothérapie
5, rue Denis-Poisson
75017 Paris
tél. 01 45 72 38 38

■ La sophrologie

Très en vogue aux États-Unis, la sophrologie fut inventée par un médecin, le docteur Caycedo dans les années 60. C'est une méthode de relaxation dynamique qui combine le yoga et l'hyp-nose, et s'inspire de pratiques orientales comme le Zen ou la méditation bouddhiste.

Le principe de la sophrologie est d'apprendre au malade, en tra-vaillant sur sa respiration et sa concentration, à diminuer son état de vigilance pour acquérir rapidement un état proche du som-meil. Cette méthode est très utilisée par les sportifs qui dévelop-pent par ce biais, une plus grande aisance à se décontracter dans une courte période et à se concentrer sur leur action en faisant abstraction de ce qui se passe autour d'eux.

Si les séances sont souvent collectives, dans le cas d'un traitement contre l'insomnie, les cours individuels seront plus efficaces. Et une fois enseignée et maîtrisée, la sophrologie peut être pratiquée seul et à tout moment.

Société française de sophrologie
39, bd Garibaldi
75015 Paris
tél. 01 40 56 94 95

Centre de sophrologie et de développement personnel
2, rue Lincoln
75008 Paris
tél. 01 42 56 00 11

■ La sophrothérapie

Autre méthode pour se relaxer, la sophrothérapie. Très utile pour aider les insomniaques à retrouver le calme et le bien-être nécessaires à tout bon dormeur, cette technique est une forme plus poussée de la sophrologie. Enseignée par des psychologues ou des psychanalystes, la sophrothérapie permet au patient de prendre du recul par rapport à ses problèmes pour s'en débarrasser par la suite. Le spécialiste l'aide à déterminer la source de ses troubles et dans un second temps à l'en éloigner. La sophrothérapie est sans doute la technique la plus appréciée des personnes souffrant de stress dû à une situation précise (chômage, deuil, accident, divorce...) ou ayant subi un choc affectif.

■ L'hypnose

Encore mal connue en France, l'hypnose rencontre pourtant de plus en plus d'adeptes ne trouvant, ni dans l'allopathie ni dans d'autres médecines douces, le moyen de soulager leurs maux. Il semble aujourd'hui indiscutable de prendre en considération ces nouvelles formes de traitement même s'il existe quelques « escrocs hypnotiseurs ». Cependant ceux-ci n'auront d'autres mauvais effets que de ruiner votre portefeuille et, en aucun cas, n'atteindront votre santé. Renseignez-vous car les médecins sont aujourd'hui de plus en plus nombreux à pratiquer l'hypnose. En accord avec l'hypnotiseur, vous définirez un certain nombre de séances en fonction de vos troubles et de leurs causes.

Institut d'hypnose clinique
72, quai Louis Blériot
75016 Paris
tél. 01 42 24 09 00

Institut français d'hypnose
22, rue Rambuteau
75003 Paris
tél. 01 48 04 08 14

■ L'acupuncture

Des mots latins *acus* (pointes) et *puncture* (piquer), c'est pourtant dans les racines de la tradition chinoise qu'il faut trouver les origines de l'acupuncture. Fabriquées au début en pierre, en os ou en bambou, les aiguilles dont se sert le spécialiste aujourd'hui sont coulées dans des aciers divers. Avec ces très fines aiguilles, il pique son patient à des endroits précis du corps humain, définis en fonction du motif de la consultation : ces points d'acupuncture sont répartis sur les lignes du corps appelées méridiens.

Un traitement se déroule en général sur plusieurs séances, elles-mêmes renouvelées à intervalles réguliers. Parfois, seules deux ou trois séances suffisent pour guérir le patient.

Si certains hésitent à recourir à l'acupuncture pour soigner leurs enfants, sachez que cette thérapie a fait ses preuves dans la guérison des cauchemars, des terreurs nocturnes et de l'énurésie (pipi au lit). De plus en plus fréquemment associée à la phytothérapie, l'homéopathie ou la vertébrothérapie, elle donne des résultats encore meilleurs. Mais une bonne hygiène de vie diététique et alimentaire à suivre parallèlement aux séances est une condition indispensable à la réussite du traitement. Contrairement à certaines idées reçues, cette méthode est très efficace pour soulager les personnes âgées, qui y ont ensuite recours en prévention : il n'est pas rare de voir d'anciens insomniaques chroniques revenir consulter leur acupuncteur pour une séance préventive car depuis quelques nuits, ils sentaient leurs troubles resurgir.

Autre facteur non négligeable de cette thérapie, la non-accoutumance. L'acupuncture a malheureusement déclenché de nombreuses polémiques qui ont contribué à dégrader son image. Aujourd'hui, de plus en plus de médecins exercent cette discipline et ont participé à sa réhabilitation. Nombreux sont aussi ceux qui exercent sans aucun diplôme de médecine ou d'acupuncteur, facteur qui doit inciter le patient à une extrême vigilance.

Association française d'acupuncture
3, rue de l'Arrivée
75015 Paris
tél. 01 43 20 26 26

Académie d'acupuncture et de mésothérapie
2, rue Isly
75008 Paris
tél. 01 43 87 28 84

■ Le shiatsu

Médecine de tradition chinoise, comme l'acupuncture, le shiatsu est une sorte de massage des points vitaux du corps humain. Dérivé de l'acupuncture, le shiatsu ne soigne pas par piqûres mais par pressions manuelles. Introduite dans les années 70 en France, cette discipline est essentiellement préventive.

De nombreux Asiatiques pratiquent le shiatsu en France, mais les médecins acupuncteurs français ont également développé cette méthode en lui associant parfois d'autres thérapies comme la relaxation, la gymnastique douce ou la phytothérapie. En agissant par pressions sur les points d'acupuncture, le spécialiste libère des blocages et des barrières qui freinent les fonctions corporelles. Ces manipulations ont pour effet de faire prendre conscience au patient de son corps pour qu'il puisse ensuite se soulager seul. Le praticien exerce des pressions à divers endroits du corps pendant un nombre défini de secondes et les renouvelle à plusieurs reprises.

C'est une bonne parade contre l'insomnie, surtout lorsque les causes sont d'origine nerveuse. Le shiatsu soulage aussi de l'hypersomnie légère et de la grande fatigue. Il est souvent utilisé en prévention car son action agit parfois à long terme. Comme dans le cas de l'acupuncture, le patient guéri suit une séance dès qu'il sent ses troubles revenir.

Fédération française de shiatsu
15, rue Esquirol
75013 Paris
tél. 01 44 24 12 31

SOLUTIONS	POPULATION	FINALITÉS ET PARTICULARITÉS
Hygiène de vie (alimentation, sports, activités, bains, massages)	• Tous les âges	• Prévention • Insomnie occasionnelle • Insomnie chronique • Problèmes d'endormissement
Relaxation, respiration, concentration	• Tous les âges	• Prévention • Insomnie occasionnelle • Insomnie chronique • Ordre nerveux (stress, anxiété...) • Fatigue, surmenage
Allopathie (tranquillisants, somnifères...)	• Adultes (éviter enfants et personnes âgées)	• Insomnie occasionnelle (choc émotionnel ou physique) • Aucune automédication • Traitement suivi
Homéopathie	• Nourrissons • Enfants • Adolescents • Adultes	• Insomnies chroniques ou occasionnelles • Ordre nerveux • Fatigue, surmenage • Troubles liés à la nuit (cauchemar, hallucination, peur du noir) • Inversement du jour et de la nuit • Contrariété • Désintoxication de somnifères • Traite un malade et non une maladie
L'ostéopathie	• Enfants • Adolescents • Adultes	• Prévention • Insomnies chroniques • Manipulation des zones sensibles • Nombre et déroulement des séances selon les troubles • Prudence dans le choix du praticien

SOLUTIONS	POPULATION	FINALITÉS ET PARTICULARITÉS
L'oligothérapie	• Tous les âges	• Régulation du sommeil • Angoisses et dépressions • Troubles psychosomatiques • Aucune dépendance • Prescrit par des médecins • Traite le patient dans son ensemble • Peu onéreux
La thalassothérapie (massages, jet d'eau, jacuzzi, soins à base d'algues, diététique, activités sportives)	• Tous les âges • Excellent pour les personnes âgées	• Prévention et hygiène de vie • Insomnies occasionnelles • Suivi médical • Fatigue, surmenage • Ordre nerveux (stress, anxiété…) • Maladies psychosomatiques
Sophrologie et sophrothérapie	• Tous les âges	• Prévention • Insomnie occasionnelle • Insomnie chronique • Ordre nerveux (stress, anxiété…) • Fatigue, surmenage
L'hypnose	• Adultes	• Insomnies chroniques • Aucune dépendance • Nombre et durée des séances selon les troubles
Acupuncture et shiatsu (souvent associés à la phytothérapie)	• Enfants • Adolescents • Adultes	• Insomnies chroniques d'ordre nerveux (stress, anxiété, colère, etc.). • Fatigue, surmenage • Cauchemars, terreurs nocturnes • Énurésie

■

Tirer profit de son sommeil

■

I. Le réveil

Plus qu'on ne pourrait le penser, le réveil fait partie intégrante du sommeil car il conditionne le bien-être, la vitalité, la bonne humeur et l'optimisme d'une journée. Même après une longue nuit passée à dormir, un mauvais réveil peut tout simplement générer un mécontentement additionné d'une somnolence dont on n'arrive pas à se débarrasser avant le soir. Des bâillements incessants, l'envie de retourner dans son lit, l'impossibilité de « sortir de ses rêves », les yeux rouges, les paupières gonflées, les jambes coupées, les frissons, la mauvaise humeur sont autant de signes propres à une fin de nuit manquée.

Il ne faut jamais passer à côté de son réveil. Ne pas le négliger et le prendre avec autant de considération que son endormissement. **Et une chose est sûre : la meilleure façon de mettre fin à sa nuit est de se réveiller... de la manière la plus naturelle qui soit !**

Des contraintes d'emploi du temps, professionnel ou familial, ne vous le permettent pas toujours sauf en dehors des vacances. Mais durant toute l'année, vous devez soigner votre réveil.

Réveillez-vous dix minutes plus tôt qu'à votre habitude et prenez le temps de bien vous réveiller, de vous étirer, de profiter de ces quelques minutes pour vous prélasser dans votre lit. Évitez le saut du lit violent, ménagez-vous une transition, une coupure entre le monde de la nuit et celui la journée qui vous attend. Pour vous aider, voici quelques conseils et recommandations qui vous faciliteront la vie et vous permettront de bien vous réveiller, que vous ayez dormi 5 ou 12 heures.

Le réveil de l'enfant

Encore plus que pour l'adulte, le réveil conditionne la journée et la santé de l'enfant. D'où la grande vigilance qu'il faut lui accorder. D'autant plus qu'un enfant comptabilise au moins deux réveils par jour : celui du matin et celui de sa sieste.

■ Le réveil des tout-petits

Pendant les trois premiers mois de sa vie, un bébé se réveille la majeure partie du temps parce qu'il a faim, parfois chaud ou froid, parce qu'il est sale ou qu'il est gêné par un bruit extérieur. **Bien entendu, dans tous les cas vous éviterez de réveiller un nouveau-né.** Le meilleur moyen pour qu'il acquière rapidement ses rythmes de sommeil est de le laisser dormir lorsqu'il en a envie et besoin. Le temps viendra vite où vous devrez le brusquer chaque matin, pour l'emmener chez la nourrice ou à la crèche, puis ce sera déjà le temps de l'école.

■ Le réveil des plus grands

Il faut à tout prix éviter de bousculer un enfant dès son réveil : en entrant dans sa chambre en parlant haut et fort, en lui disant de se dépêcher parce que vous êtes en retard, en ouvrant brusquement ses rideaux et ses volets : non, mettez un peu de douceur dans vos gestes !
Même si vous êtes en retard, ouvrez sa porte doucement, entrez sur la pointe des pieds, faites-lui un baiser, chuchotez-lui dans le creux de l'oreille quelques mots doux en lui caressant les cheveux. Pendant que vous entrouvrez ses rideaux, parlez-lui de ses rêves, de son petit déjeuner que vous avez préparé, du soleil qui brille et du week-end qui approche. Cela vous prendra peut être une minute de plus mais quel bénéfice pour sa santé.

Laissez-le ensuite quelques minutes dans son lit, une lumière douce allumée ou les rideaux entrebâillés, avant de venir ouvrir ses volets pour qu'il se lève.
Retenez qu'il est toujours meilleur pour un enfant d'être réveillé dix minutes plus tôt, en douceur, que de gagner sur son temps de sommeil mais avec un réveil brutal.

Une des conditions essentielles au bon réveil de l'enfant est le temps dont il dispose pour prendre son petit déjeuner. C'est une des règles de vie que l'on devrait imposer aux enfants dès leur plus jeune âge, et pour cela, rien de mieux que de leur montrer l'exemple !

Le réveil de l'adulte

Le réveil est un des moments clés qui conditionnent la forme de la journée. Un mauvais réveil, et votre journée sera gâchée ; un bon réveil avec seulement 5 ou 6 heures de sommeil derrière vous, et tout ira bien. Il ne tient qu'à vous de gérer cet instant en adoptant les quelques règles suivantes.

■ Ce qu'il faut faire

• **Avant de vous lever, restez quelques minutes bien au chaud dans votre lit.** Ouvrez tranquillement les yeux dans la pénombre. Une fois que vous avez l'esprit un peu plus clair, allumez une lumière douce et restez encore allongé quelques instants.

• **Toujours allongé dans votre lit, étirez votre corps dans tous les sens** en partant des orteils pour remonter jusqu'aux bout des doigts de la main, sans oublier la nuque. Finissez ce petit exercice en étirant bien les bras au-dessus de la tête, pendant dix secondes.

• **Avant de sortir de votre lit, buvez un grand verre d'eau minérale** (que vous aurez laissé la veille sur votre table de nuit).

• **Avant de vous mettre debout, asseyez-vous sur le bord du lit une minute.** Vous êtes maintenant bien réveillé et en forme pour affronter la journée.

• La douche

Rien de tel qu'une douche pour se remettre en forme, se réveiller, se redonner du tonus. À condition, comme pour le bain, de savoir comment en tirer tous les bénéfices.

COMMENT PRENDRE UNE BONNE DOUCHE

• La douche doit être de courte durée, 3 à 4 minutes au maximum.

• D'une température ni trop chaude ni trop froide.

• Avant de couper l'eau, mettez le pommeau de la douche en position « jet puissant » et baissez légèrement la température de l'eau.

Remontez le long de la jambe, depuis la voûte plantaire jusqu'au cou. Vous serez frais et plein d'énergie.

• Les douches remplissent leur fonction tonifiante dans la mesure où elles sont toujours prises le ventre vide, c'est-à-dire avant les repas.

■ Calculer l'heure à laquelle se coucher en fonction de l'heure de son réveil

Voici une petite astuce qui peut aider toutes les personnes ayant un rythme de lever très régulier et qui souffrent chaque matin au réveil. Cette méthode, lorsqu'elle est utilisée à bon escient, est aussi bénéfique pour les sujets ayant une activité en décalage horaire.

Vous avez calculé vos cycles de sommeil et vous en connaissez maintenant le nombre qui vous est indispensable pour être en forme (voir *Connaitre et analyser son sommeil*, p. 46). Si chaque matin, il vous est toujours aussi difficile de vous lever, même après avoir dormi 12 heures, vous devez sans doute mal « caler » votre nuit.

En effet, le secret d'une bonne fin de nuit et d'un bon réveil, c'est avant tout de ne jamais ouvrir l'œil au milieu d'un cycle de sommeil. Deux solutions s'offrent à vous : vous réveiller de façon naturelle (mais cette solution est bien difficile à mettre en pratique pour de nombreuses personnes) ou calculer l'heure à laquelle vous coucher selon l'heure de votre réveil.

Il vous reste donc à faire le décompte de votre nuit en heures et en nombre de cycles (voir *Connaitre et analyser son sommeil*, p. 46). Car, même si vous dormez 12 heures mais que le réveil sonne au milieu d'un cycle, votre réveil sera pénible.

Ne vous est-il jamais arrivé d'ouvrir un œil à 6 heures du matin en pleine forme, de vous rendormir en attendant que le réveil sonne à 7 heures et là, vous sentir dans l'incapacité de vous lever !

À 6 heures votre horloge naturelle avait sonné, vous aviez achevé un cycle de sommeil et vous étiez en pleine forme : vous auriez dû vous lever. Vous vous êtes rendormi une petite heure et votre réveille-matin a retenti au milieu d'un cycle !

Pour éviter ce genre de mésaventures si vous connaissez votre horaire de réveil, il faut adapter l'heure à laquelle vous allez vous coucher (voir encadré).

Profitez-en pour apprendre à utiliser votre réveille-matin (ou votre radioréveil) à bon escient. En imaginant que votre dernier cycle s'achève à 8 heures, armez votre réveil à 8 h 15 au cas où votre horloge naturelle aurait un peu de retard... mais vous serez sans doute déjà réveillé et n'aurez plus qu'à l'éteindre avant qu'il sonne, ou bien vous serez déjà en phase d'éveil et cela ne vous dérangera pas outre mesure.

EXEMPLE DE CALCUL DE L'HEURE À LAQUELLE SE COUCHER EN FONCTION DE SON HEURE DE RÉVEIL

• Chaque matin, vous devez vous lever à 8 h.

• Sachant que vos cycles sont de 2 heures, il est simple de calculer en remontant dans le temps, l'heure à laquelle vous devez vous coucher : vos cycles débuteront respectivement (en heures décroissantes) à 6 h, 4 h, 2 h, minuit et 22 h.

• Vous avez donc le choix de vous endormir à 22 h ou à minuit. Dans le premier cas, vous dormirez 5 cycles de 2 heures (donc 10 heures de sommeil), dans le second cas, 4 cycles.
Si vous aviez l'habitude vous coucher à 23 h tous les soirs, ce créneau horaire ne vous arrange pas.

• En admettant que vous ayez choisi de vous coucher à 22 h, respectez votre rituel du coucher : après une soirée de calme et de détente, prenez un bon bain, respectez les règles d'hygiène alimentaire et corporelle, ne faites pas d'excès et mettez-vous au lit vers 21 h 50.

• Quelques exercices de respiration et de relaxation devraient vous permettre de trouver rapidement le sommeil. Les premiers jours, vous mettrez sans doute plus de temps à vous endormir. Au fur et à mesure, vos horloges changeront et s'adapteront à ce cycle. Vous n'aurez ensuite qu'à choisir entre vous coucher à 22 h ou à minuit.

• Au début, le réveil à 8 h risque de ne pas se faire naturellement mais votre réveille-matin vous aidera. Ce réveil sera plus facile car vous serez dans la dernière phase d'un cycle. Quelques jours plus tard, vous ouvrirez l'œil de façon tout à fait naturelle à 8 h. Il vous suffira de régler votre réveil à 8 h 15 au cas ou votre horloge biologique connaîtrait quelque panne !

MILLE ET UNE ASTUCES POUR UN BON RÉVEIL

- **Si vous êtes un inconditionnel du café noir le matin**, offrez-vous le luxe d'une machine à café programmable ; il ne vous reste qu'à régler l'heure de votre réveil. L'odeur du café fumant viendra vous titiller les narines avec délices... et vous incitera à vous lever au plus vite et sans rien avoir à préparer.

- **La veille au soir, préparez la table du petit déjeuner** (bol, cuillères, verres, sucre, café, couteau, pain, etc.) : vous aurez l'impression d'avoir moins de corvées dès le matin et vous n'aurez presque plus qu'à vous mettre les pieds sous la table. Quelques précieuses minutes de gagnées pour prendre le temps de savourer son petit déjeuner.

- **Préférez le radioréveil** aux anciens réveille-matin tonitruants, c'est quand même plus doux et tout aussi efficace à condition de choisir votre programme : musique ou informations, comme il vous plaira.

- **Avant de vous lever, étirez-vous** dans tous les sens en sentant et en visualisant chacun de vos muscles, même le plus petit.

- **S'il fait particulièrement froid dans votre chambre le matin, gardez, à portée de main, un peignoir** ou tout autre vêtement confortable pour vous couvrir dès le saut du lit. L'idéal étant de déposer son peignoir sur le radiateur (sauf les radiateurs électriques bien entendu), il sera bien chaud quand vous l'enfilerez.

- **Évitez le réveille-matin pour les enfants ou les adolescents,** rien de tel qu'un doux réveil de son papa ou de sa maman accompagné d'un gros câlin.

- **Une solution pour les enfants inséparables de leur animal de compagnie :** envoyez leur petit chien leur renifler le bout du nez car en général les retrouvailles avec leur complice sont plus efficaces que n'importe quel réveil.

- **Mettez une musique douce en fond sonore** dès que vous avez ouvert un œil.

- **Pas de néon ou toute autre lumière vive en plein visage :** une lumière tamisée ou une lampe halogène réglée au plus bas est plus agréable.

- **Calculez le temps qu'il vous faut pour vous préparer** de façon à ne pas vous mettre en retard dès le matin.

- **Faites-vous servir le petit déjeuner au lit** dès que vous en avez l'occasion, c'est sans doute le réveil le plus doux que vous puissiez avoir.

COMMENT FAIRE POUR DIMINUER SES NUITS ?

- **Il est pour tout le monde possible de moins dormir.**
Raccourcir ses nuits, cela signifie supprimer un ou deux cycles de sommeil. Cette souplesse de sommeil est variable d'un individu à l'autre et plus on vieillit, plus il est difficile de modifier ses habitudes sans subir de dommages préjudiciables à sa santé. Toutefois, il est plus facile pour une forte majorité de personnes de moins dormir que d'allonger son temps de sommeil.

- Pour obtenir un résultat satisfaisant, seules les personnes en bonne santé physique et morale peuvent sans danger essayer de changer leurs habitudes. Si vous souffrez d'insomnies, ce n'est pas le meilleur moment mais dans certains cas cette méthode peut vous aider à retrouver un juste équilibre.

- **Pour diminuer ses nuits, mieux vaut supprimer le dernier cycle de la nuit, période où le sommeil paradoxal est le plus important.** Vous conserverez ainsi un premier cycle avec un sommeil lent profond réparateur.

- Une fois que ce processus est bien adapté, vous pouvez éventuellement éliminer un autre cycle. **Notons qu'il faut un minimum de trois cycles chaque nuit,** pour comptabiliser un temps de sommeil lent suffisant.

- Le sommeil étant en réalité très malléable, cette autoréduction s'établira de façon très naturelle et en quelques jours, l'organisme adaptera ses propres cycles à la durée du temps de sommeil offerte par le dormeur.

II. Chasser une petite fatigue passagère : les siestes

Savoir bien dormir, c'est aussi savoir tirer profit de son sommeil et le moduler en fonction de ses besoins ou de ses activités. À cet égard, la sieste est le meilleur allié des bons dormeurs.

Qui fait la sieste et pourquoi

En France, nous n'avons pas l'habitude de faire la sieste et souvent nous ne savons pas la faire. Pourtant, comme nous le montrent les modes de vie d'autres pays, faire la sieste peut se révéler très bénéfique.

■ **Savoir profiter de quelques secondes, quelques minutes ou quelques heures de libres pour récupérer.**

En France on ne sait pas ou mal, faire la sieste : certains s'endorment deux heures, se réveillent avec l'impression d'être encore plus fatigués, et cette pause déclenche souvent des migraines ou des problèmes digestifs. Dans ces cas-là, la sieste n'est plus un moment de repos et cela crée un véritable déséquilibre, ce qui n'est évidemment pas le but recherché.
La sieste sur le lieu de travail est encore peu répandue, seulement 10 à 20 % des travailleurs font la sieste (commerçants, professions libérales, artisans et ouvriers du bâtiments et des travaux publics). On n'imagine pas encore les

gens s'arrêter de travailler, ne serait-ce que 10 minutes. Il faudrait pourtant arriver à réhabiliter cette notion et la faire partager au plus grand nombre. Toutefois, pour ceux qui n'ont vraiment pas la possibilité de faire la sieste, quelques exercices de relaxation peuvent remplacer ce temps de repos (voir *Relaxation*, p. 90).

Lorsqu'on sait faire la sieste, on en tire tous les bénéfices et l'on est plus disponible par la suite. Ce n'est pas une perte de temps, bien au contraire.

Certaines personnes ont la faculté de pouvoir dormir 4 à 5 heures chaque nuit et d'être en excellente forme le lendemain. Leur secret se cache souvent derrière leur capacité à trouver le sommeil sans efforts et à faire de courtes siestes au milieu de la journée.

À écouter les spécialistes, tout le monde peut moduler son sommeil, dormir moins longtemps la nuit et compenser ce manque par de courtes pauses au cours de la journée : avec un peu d'habitude, on devient un **dormeur récupérateur**.

À condition de bien connaître son corps, ses cycles et d'être en bonne santé. Bien entendu, les enfants n'entrent pas dans cette

AILLEURS

Dans certains pays d'Amérique du Sud, d'Afrique ou au Japon, la sieste est intégrée dans les activités quotidiennes, lorsqu'elle n'est pas obligatoire.

Certaines entreprises japonaises, par exemple, imposent la sieste à leurs employés. Les téléphones sont débranchés, tout le monde interrompt son activité et se repose quelques minutes. Assis ou allongés par terre, les employés récupèrent, somnolent ou dorment. Après ces quelques instants, ils reprennent leur travail avec l'esprit libre et la fatigue oubliée. Ils seront d'autant plus performants dans leur activité les heures suivantes. Cette sieste se justifie car elle repose sur le constat indéniable qu'une forte majorité de personnes somnole en début d'après-midi.

La faculté qu'ont ces populations à se reposer ainsi s'acquiert dès le plus jeune âge et durant toute leur vie, ils feront la sieste. C'est un mode de vie, une habitude qu'on leur inculque et qu'ils gardent.

catégorie, un minimum de 10 h de sommeil par jour étant indispensable à leur croissance et à leur développement.

■ Qui est concerné par la sieste ?

Avec un peu d'entraînement, tout le monde y compris (et surtout) les enfants peut dormir par petites tranches de quelques minutes à quelques heures. Mais certaines catégories de personnes sont plus concernées que d'autres.

• **Un enfant** doit faire le plus longtemps possible une sieste, au moins jusqu'à trois ans, parfois quatre ans. Si l'enfant réclame sa sieste, il ne faut surtout pas l'en priver. C'est une excellente habitude et même s'il ne dort pas, il est indispensable de lui ménager un temps de repos dans sa chambre, au calme, où il peut jouer, lire, dessiner, fermer les yeux. Allongé sur son lit, il se détend, se repose, canalise son énergie, relâche ses muscles et se ressource.
• **La femme enceinte et la jeune maman** doivent aussi tirer tous les bénéfices que peut leur apporter une sieste.
• **La personne convalescente** trouvera dans cette pause un formidable moyen de retrouver sa forme.
• **La personne âgée** n'hésitera pas à s'allonger en début d'après-midi, elle retrouvera toute son énergie pour la soirée.

• **Autres catégories de personnes pour qui la sieste devrait devenir un art de vivre :** les personnes vivant en décalage horaire, **travaillant de nuit** (médecins, infirmières, ouvriers en usine, etc.), **dans les moyens de transport** (hôtesses de l'air, pilotes, routiers, etc.) ou **pouvant être dérangés à toute heure du jour ou de la nuit** (obstétriciens, pompiers, etc.) **ainsi que les sportifs** (navigateurs, astronautes, etc.). Ils ont besoin de récupérer, non pas à heure fixe dans la journée, mais selon leurs besoins. Savoir faire la sieste et s'endormir partout quelques minutes à toute heure du jour ou de la nuit peut considérablement améliorer leur santé, leur qualité de vie, et donner de meilleurs résultats professionnels.

Les différents types de siestes et leur mode d'emploi

Selon vos besoins et selon le temps dont vous disposez, il existe plusieurs façons de faire la sieste, toutes aussi efficaces, l'important étant de savoir faire une sieste intelligente.

■ Les différentes siestes

C'est en fonction de vos possibilités, de votre rythme de vie, de vos envies que vous allez gérer vos siestes et préférer celles qui vous conviennent le mieux. Un jour une sieste de deux minutes vous suffira, le lendemain vous dormirez le temps d'un cycle complet. Tout dépend de la saison, de votre état de fatigue et de vos disponibilités.

Il n'y a pas de honte à faire la sieste, bien au contraire. Lorsque vous aurez acquis la faculté de pouvoir vous endormir quelques minutes dans n'importe quel endroit, vous en profiterez dès que vous aurez quelques instants de libre devant vous pour dormir : vous gérerez votre sommeil comme il vous plaira, dans un avion, sur une aire de repos pendant un voyage, dans le train, en même temps que vos enfants en début d'après-midi, le soir avant une sortie…

Lorsque vous vous préparez à faire la sieste, conditionnez votre esprit sur le temps que vous souhaitez dormir. Faites confiance à votre corps et répétez-vous par exemple « je ne dors que cinq minutes » pendant que vous cherchez le sommeil.

La sieste de quelques secondes

Cette forme de sieste est la plus rapide puisqu'il s'agit de dormir quelque secondes seulement, une ou deux minutes au maximum. Ce qu'on appelle souvent **le « sommeil-flash »** est bien souvent l'astuce qui permet aux petits dormeurs (moins de 5 heures par nuit) d'être en forme tout au long de la journée. Il leur suffit de faire trois ou quatre petites siestes éclairs disséminées dans la journée pour récupérer.

Les petits dormeurs ont aussi la faculté de pouvoir tomber dans un sommeil lent profond très rapidement, ce qui les aide bien sûr, dans ce genre d'exercice. Outre les facultés de récupération que leur octroient ces siestes, leur grand avantage est de pouvoir les faire partout, à condition toutefois d'y être entraîné.

Les enfants sont de véritables champions dans cette catégorie, car sans même s'en rendre compte, ils font parfois plusieurs sommeil-flash au cours de leur journée, en jouant, en lisant. Dans la mesure du possible, il faut les aider à développer cette aptitude qui leur sera très utile dans le futur, et ne jamais les réprimander ou les réveiller si vous les surprenez en plein sommeil.

Pourquoi ne pas présenter cette sieste aux jeunes enfants, sous la forme d'un petit jeu. Prenez les enfants contre vous ou asseyez-vous l'un à côté de l'autre et faites un « concours » pour savoir lequel de vous deux s'endort le plus vite. L'enfant, très doué pour ce petit exercice, s'endormira très vite pour quelques instants seulement.

Certains étudiants font même des siestes de quelques secondes lors d'examen écrit : ils se ressourcent, récupèrent leurs moyens et c'est aussi pour eux la possibilité de se détendre.

Comment procéder ?

• Lorsque vous êtes seul et que vous sentez une légère fatigue, installez-vous confortablement en position assise, les pieds au sol, les bras tombant le long du corps et la tête relâchée.

• Fermez les yeux, respirez, soufflez et ne pensez plus à rien.

• Si au début vous ne parvenez pas à dormir, ne vous découragez pas et faites quelques exercices de respiration ou de relaxation car c'est à force d'habitude et d'entraînement que vous réussirez ces siestes.

La sieste de quelques minutes

Les petits dormeurs sont aussi accoutumés à faire ce qu'on appelle la « **pause-parking** ».

Sa durée (4 à 5 minutes) est un bon compromis, notamment pour les personnes ayant une activité professionnelle chargée ou celles qui se trouvent en permanence sur la route (chauffeurs de taxis, routiers).

Et la position assise qu'elle requiert, facilite son accomplissement. Que vous vous trouviez dans votre voiture, dans votre bureau ou sur un fauteuil, la condition essentielle, comme pour toutes les formes de siestes est le calme environnant.

Comment procéder ?

• Assis, les bras croisés posés sur votre bureau la tête appuyée sur vos avant-bras, détendez-vous. Mieux vaut éviter de vous allonger sur un lit, la tentation de dormir plus longtemps étant encore trop grande. Si vous êtes en voiture, allongez votre siège et calez-vous dans les appuie-tête.

• Fermez les yeux et laissez-vous porter.

• Procédez ainsi une fois, deux fois ou trois fois au milieu de la journée en fonction de vos besoins.

• Si vous conduisez, n'hésitez pas à vous arrêter dès que vous êtes fatigué et faites cette petite sieste. Marchez ensuite quelques minutes pour retrouver vos esprits et vous dégourdir les jambes avant de repartir.

• Si vous avez un faible quota d'heures de sommeil derrière vous, l'idéal est de renouveler les « pauses-parking » toutes les quatre heures environ : si vous vous êtes levé à 7 h 30, faites une pause vers 11 h 30, une seconde vers 15 h 30 et enfin une dernière aux alentours de 19 h 30. Celle-ci étant d'autant plus souhaitable si vous avez projeté une sortie le soir même.

La « petite sieste »

Bien qu'elle soit d'une durée plus longue que la « pause-parking », la « petite sieste » se trouve à mi-chemin entre cette dernière et la véritable sieste.

De part sa durée (20 minutes environ), c'est sans doute le meilleur moyen pour récupérer mais, par la position allongée qu'elle nécessite, plus délicat à mettre en pratique par tout le monde. Le réveil au bout de vingt minutes est très facile, c'est pourquoi cette formule de sieste est agréable, pour les enfants comme les parents. Idéale si vous êtes chez vous car vous vous isolez pendant vingt minutes allongé sur votre lit, elle est plus difficile à concrétiser lorsque vous êtes sur votre lieu de travail. C'est donc la sieste des vacances par excellence, celle que l'on fait à l'ombre après un déjeuner trop copieux, sur la plage après un pique-nique...

Comment procéder ?
• Où que vous vous trouviez, allongez-vous dans un endroit confortable et silencieux.
• Mettez-vous dans une tenue agréable, fermez éventuellement les rideaux et les volets.
• Détendez-vous et respirez calmement tout en vous répétant : « je ne dors que vingt minutes ».
• Au bout de vingt minutes, vous vous réveillerez de façon naturelle. Certaines personnes ne dorment que quinze minutes, ce qui leur convient mieux.

La « grande sieste »

Cette dernière forme de sieste est la plus efficace car elle vous laisse le temps de dormir un cycle complet de sommeil (entre 1 h 30 et 2 h 10). C'est la sieste traditionnelle des enfants mais ce n'est pas une raison pour vous en priver si vous en avez le temps et l'envie. Évidemment le week-end et la période des vacances sont le moment idéal pour s'y adonner.

Comment procéder ?
• Allongez-vous sur un lit, au calme, car rien ne doit vous déranger pour que votre cycle soit complet.
• Faites la pénombre dans la pièce, débranchez le téléphone et tout ce qui pourrait vous réveiller.
• Mettez-vous dans une tenue légère et couchez-vous sur vos draps ou dans votre lit, comme il vous plaît.
• Laissez-vous porter et à la fin de votre cycle vous vous réveillerez de la manière la plus naturelle qui soit.

■ Faire une sieste intelligente

Un bon dormeur sait en général faire de bonnes siestes, qu'elles soient très courtes ou qu'elles durent le temps d'un cycle entier. Ne pas faire de sieste alors que le corps est fatigué conduit souvent à une baisse de l'attention et de la vigilance dès le milieu de l'après-midi : nous sommes donc moins efficaces dans nos activités. Et il en résulte un nombre plus important d'accidents de la route ou domestiques. Mieux vaut prendre quelques minutes sur son temps de travail que de traîner une somnolence tout l'après-midi.

• Résister au sommeil en se disant qu'il ne faut pas dormir dans la journée pour ne pas avoir d'insomnies le soir est une idée fausse. En effet, nous accumulons des stress divers durant la journée que la sieste permet d'évacuer. De ce fait, le corps sera plus détendu l'après-midi et plus calme pour trouver le sommeil le soir venu.

• Les siestes sont indiquées avant et après un accouchement : avant, elles vous permettent de faire le plein d'énergie pour les jours à venir ; une fois le bébé né, il faut que vous viviez à son rythme : siestes en même temps que lui le matin et/ou l'après-midi. Vous récupérerez d'autant plus vite.

• Pour aider votre enfant à se reposer, proposez-lui de faire une sieste ensemble : allongez-vous sur le même lit, lisez un livre ou racontez-lui des histoires. Vous vous reposerez tous les deux. Montrez-lui l'exemple.

ASTUCE

Certains ayant peur de ne pas se réveiller au bout de 5 ou 20 minutes, ont pour habitude de laisser une musique douce (classique de préférence) en fond sonore. La musique berce et endort le sujet qui se réveille ensuite plus facilement grâce à ce bruit de fond.

• Si en grandissant, votre enfant refuse de dormir, prolongez le plus longtemps possible l'habitude de l'isoler dans sa chambre après le déjeuner et de jouer au calme. La fatigue viendra peut être ; il s'allongera alors de son propre gré et dormira quelques instants, et s'il dort à même le sol, cela est sans importance. C'est un repos intelligent et indispensable.

• Si vous avez la chance d'avoir un bureau personnel que vous pouvez fermer à clé, isolez-vous après le déjeuner – quitte à en revenir plus tôt – et débranchez le téléphone. Ne recevez personne pendant un quart d'heure et trouvez le moyen soit de vous allonger – sous votre bureau si vous avez de la moquette par exemple – soit de vous étendre (un fauteuil bien moelleux fera l'affaire). Laissez-vous rêver et relaxez-vous une quinzaine de minutes, vous serez en forme pour le restant de l'après-midi et de la soirée. Même si vous êtes débordé de travail, ces quinze minutes vous redonneront de l'énergie, de la motivation et vous travaillerez mieux avec un esprit bien au clair.

TÉMOIGNAGES : DES SIESTES INTELLIGENTES

• Michel, 35 ans chauffeur-routier : « Je suis la majeure partie de mon temps sur la route. Les paysages des autoroutes sont si monotones qu'il n'est pas rare que mon esprit s'évade et ma conduite est moins vigilante. C'est pourquoi j'ai adopté un rythme qui me convient parfaitement : même si je ne suis pas vraiment fatigué, toutes les heures et demie, je m'arrête sur une aire de repos et je dors 5 minutes, pas plus. Je marche ensuite 2 ou 3 minutes, je bois un verre d'eau et je repars en pleine forme. Avant, je m'arrêtais toutes les deux heures mais ce rythme ne me convenait pas du tout : je m'endormais un quart d'heure ou alors je ne dormais pas du tout et cela m'énervait. »

• Marie, 26 ans, mère au foyer : « Après mon premier bébé, j'ai vécu pendant un an en étant très fatiguée : mon ménage en souffrait, j'étais irritable et nerveuse. Pour mon second fils, j'ai vécu à son rythme pendant deux mois : je dormais presque autant que lui, m'accordant deux siestes par jour : une le matin, l'autre l'après-midi et me couchant tôt le soir, quitte à me relever à minuit pour le dernier biberon. J'étais en décalage complet avec tout le monde mais quel bonheur, deux mois et demi après sa naissance, de retrouver une bonne santé, de l'énergie et une belle mine ! Et un an après cette naissance j'ai encore plus de vitalité qu'avant. »

• Louise, 84 ans : « Je n'ai jamais travaillé : j'ai élevé mes quatre enfants avec force et courage puis je me suis ensuite beaucoup occupée de mes 11 petits-enfants. Je dormais peu et j'avais en horreur la sieste et le sommeil en général, qui « m'enlevaient » quelques heures supplémentaires de vie. Pourtant le soir vers 21 heures, je m'endormais régulièrement devant la télévision, ne pouvant jamais suivre une émission jusqu'au bout. À 70 ans, des problèmes de santé m'ont obligée à rester alitée trois mois. C'est là que j'ai découvert les bienfaits de la sieste. Depuis, je m'allonge tous les jours après le déjeuner une demi-heure et je dors une vingtaine de minutes. Je suis en pleine forme l'après-midi, je ne me couche jamais avant 23 heures et je peux enfin regarder les films télévisés jusqu'à la fin ! »

• Luc, 40 ans, directeur commercial : « Je ne peux malheureusement pas dormir dans la journée puisque les bureaux dans lesquels je travaille sont séparés par des cloisons en verre. Moi qui prenais tous mes rendez-vous le matin, et comme je suis souvent obligé d'inviter mes clients à déjeuner (repas copieux et toujours un peu "arrosés"), je somnolais dans mon bureau tout l'après-midi. Je n'étais plus efficace. Depuis quelques mois j'ai changé de rythme : je reste à mon bureau le matin où je travaille, je déjeune avec mes clients et je vais en rendez-vous à l'extérieur l'après-midi. Pour tenir le coup, je prévois toujours le temps d'une petite sieste après le déjeuner dans ma voiture. Il me suffit de dormir 5 minutes environ et je suis en forme pour le restant de l'après-midi. »

■

Tout le monde est en mesure de retrouver un bon sommeil.

Ensemble, nous avons découvert toutes les solutions qui existent aujourd'hui pour mieux dormir. Vous vous lancez dans un travail qui sera non seulement une thérapie mais aussi la plus efficace prévention contre les petits maux de tous les jours. Mais cette rééducation, cet apprentissage du bon sommeil, cette démarche que vous entreprenez reposent sur votre ténacité car vous ne pouvez espérer trouver de solutions miracles.

Votre réussite dépend de votre envie, de votre volonté et des moyens que vous vous donnez. Cela prendra quelques jours pour les uns, plusieurs semaines pour les autres et quelques mois pour ceux dont les troubles sont plus sévères ou plus anciens. Vous possédez toutes les connaissances, les trucs et les astuces pour bien dormir et atteindre votre objectif. Il ne vous reste qu'à appliquer toutes les bonnes résolutions que vous avez prises, une meilleure hygiène de vie agrémentée de quelques règles de respiration et de relaxation par exemple : le sommeil tient parfois à si peu de chose… **Vous l'avez compris, dormir c'est vivre et le bon sommeil c'est la vie.**

Mais en regardant l'évolution de l'humanité, on peut se demander si dans mille ans, nos descendants dormiront encore. L'être humain pourra-t-il un jour se passer de sommeil ? À en croire quelques scientifiques, l'homme du futur dormira beaucoup moins la nuit, mais aura un besoin de sommeil accru pendant la journée et les siestes seront certainement ancrées dans les mœurs. La médecine progresse jour après jour dans ses recherches. À l'heure actuelle, les chercheurs tentent de mettre au point des molécules « éveillantes », comme la caféine à libération prolongée, qui seraient de formidables pilules antisommeil.

Vous allez bientôt refermer ce livre : après avoir fait le tour de la question, ne pensez-vous pas que le bon sommeil repose en grande partie sur une bonne connaissance de soi, de ses besoins et de ses rythmes ? Il ne tient qu'à vous de moduler votre sommeil, le gérer et l'adapter à votre vie.

Enfin ne comptez pas toujours sur les somnifères et sur les autres pour vous soulager mais prenez votre corps et votre santé en mains car après tout « bien dormir, c'est si facile » !

■

Paris

- Centre du Sommeil – Docteur D. Léger – Hôtel-Dieu de Paris
  1, place du Parvis Notre-Dame – 75181 Paris Cedex 04 – Tél. 01 42 34 82 43

- Consultation des troubles du sommeil – Docteur F. Laffont – Hôpital de la Pitié-Salpétrière – 47, bd de l'Hôpital – 75651 Paris Cedex 13 – Tél. 01 45 70 21 80

- Laboratoire d'étude du sommeil – Docteur L. Garma – Hôpital de la Pitié-Salpétrière – 47, bd de l'Hôpital – 75651 Paris Cedex 13 – Tél. 01 45 70 31 69

- Service de neurologie – Explorations fonctionnelles – Docteur M-F Monge-Strauss
  Fondation A. de Rotschild – 25, rue Manin – 75940 Paris Cedex 19
  Tél. 01 48 03 68 53

- Service de réanimation médicale – Professeur P. Gajdos – Hôpital Raymond Poincaré
  104, bd Raymond Poincaré – 92380 Garches – Tél. 01 47 10 77 81

- Service d'explorations fonctionnelles – Docteur F. Goldenberg – Hôpital Henri-Mondor
  51, avenue du Maréchal de Lattre de Tassigny – 94010 Créteil – Tél. 01 49 81 26 72

Régions

Bas-Rhin

- Unité de pathologie du sommeil – Clinique neurologique – Professeurs D. Kurtz et
  J. Krieger – Hôpitaux universitaires de Strasbourg – 67091 Strasbourg Cedex
  Tél. 03 88 16 13 12

Bouches-du-Rhône

- Centre d'explorations des troubles du sommeil – Docteur O. Gerin
  Clinique Le Côtage – Chemin de la Colline-Saint-Joseph – 13009 Marseille
  Tél. 04 91 41 09 18

- Centre Saint-Paul – Docteur P. Genton – 300, bd Sainte-Marguerite
  13009 Marseille – Tél. 04 91 75 13 40

Haute-Garonne

• Service d'explorations fonctionnelles du système nerveux
Professeur L. Arbus/Docteur M. Tiberge – C.H.U. de Rangueil
Rue Joseph-Poulhes – 31054 Toulouse Cedex – Tél. 05 61 32 26 98

Hérault

• Service de neurologie B – Professeur M. Billiard – Hôpital Gui de Chauliac
4, avenue Bertin-Sans – 34295 Montpellier Cedex 5 – Tél. 04 67 33 72 40

Indre-et-Loire

• Centre de sommeil du C.H.U. de Tours – Professeur A. Autret/Docteur de Giovanni
Hôpital Bretonneau – 37000 Tours – Tél. 02 47 47 37 22

Isère

• Laboratoire de neurophysiologie/Pavillon de neurologie – Docteur C. Feuerstein
Hôpital Albert Michallon – BP 217 X – 38043 Grenoble Cedex 9 – Tél. 04 76 76 55 18

Puy-de-Dôme

• Service E.E.G. Explorations fonctionnelles du système nerveux
Docteurs J-C Péchadre et P. Beudin – C.H.U. de Clermont-Ferrand
63003 Clermont-Ferrand – Tél. 04 73 31 60 36

Rhône

• Unité du sommeil de l'enfant – Docteurs M-J Challamel et L. Kocher
Centre Hospitalier Lyon Sud – 69495 Pierre-Bénite – Tél. 04 78 50 95 15

Seine-Maritime

• Unité d'exploration de la pathologie du sommeil
Professeur J-F Muir/Docteur F. Portier – Hôpital de Boisguillaume
147, avenue du Maréchal Juin – 76233 Boisguillaume Cedex – Tél. 02 35 08 83 83

• Service d'explorations neurologiques – Professeur D. Samson-Dollfus
Hôpital Charles Nicolle – 1, rue Germont – 76031 Rouen Cedex – Tél. 02 35 08 81 81

Tarn

• Laboratoire du sommeil – Docteur E. Mullens – Fondation du Bon Sauveur d'Albi
1, rue Lavazière – BP 94 – 81003 Albi Cedex – Tél. 05 63 54 21 48

Vienne

• Service d'explorations fonctionnelles électrophysiologiques – Docteur J. Paquereau
Cité hospitalière de la Milétrie – BP 577 – 86021 Poitiers Cedex – Tél. 05 49 44 43 87

BIBLIOGRAPHIE

■

BILLIARD Michel Pr — *Le Sommeil normal et pathologique*, Masson, 1994.

Vivre sans insomnies, Éditions du Rocher, 1994.

DI MARIA Patrick Dr — *130 médicaments contre l'insomnie et comment s'en passer*, Balland, 1989.

FERBER Richard — *Protégez le sommeil de votre enfant*, ESF éditeur, coll. « La vie de l'enfant », 1990.

FLUCHAIRE Pierre — *Les secrets du sommeil de votre enfant*, Albin Michel, 1993.

Bien dormir pour mieux vivre, Dangles, coll. « Santé naturelle », 1982.

GAILLARD Jean-Michel — *L'Insomnie*, Flammarion, coll. « Dominos », 1993.

JOUVET Michel — *Le Sommeil et le rêve*, Odile Jacob, 1992.

KAGOTANI Tsuguo — *Respirez mieux*, M.A. Éditions, 1989.

MÉRY J. — *Cours complet d'influence personnelle*, La diffusion Scientifique, 1989.

MESSÉGUÉ Maurice — *Mon herbier de beauté*, France Loisirs, 1979.

OUDINOT Dr et JAGOT P.C. — *L'Insomnie vaincue*, Dangles, 1974.

ROCCA J.-J. et VERNON P. — *Guide pratique des médecines naturelles en France*, Éditions JJRC, 1984.

ROYANT-PAROLA S. — *Le Bon Sommeil*, Hermann, coll. « Ouverture médicale », 1988.

RUBINSTEIN Henri Dr — *Psychosomatique du rire*, Robert Laffont, coll. « Réponses/Santé », 1983.

SAINT-DRÔME Oreste — *Le Ronfleur apprivoisé*, Seuil, 1990.

SOLIGNAC Pierre Dr — *101 conseils pour vaincre la fatigue*, Hachette, coll. « Les Guides Santé », 1996.

STACKE Brigitte — *La Santé par le massage*, M.A Éditions, coll. « L'Aide-Nature », 1985.

THIRION Marie Dr — *Le Sommeil, le rêve et l'enfant*, Albin Michel, 1995.

VATRINI M. — *Cours de Shiatsu*, de Vecchi, 1992.

TABLE DES MATIÈRES

■

PREMIÈRE PARTIE
Comprendre son sommeil

Achevé d'imprimer par GGP
en juillet 1998
pour le compte de France Loisirs, Paris

*Cet ouvrage est imprimé
sur du papier sans bois et sans acide.*

Assistante d'édition : Emmanuelle Héaume
Conception graphique et illustrations : Claire Ferrasse

N° d'éditeur: 29978
Dépôt légal: Aout 1998

Imprimé en Allemagne